einstraße
Alter Schloßberg in Seußlitz
Schloß Moritzburg
Schloß Wackerbarth
lerau
einböhla
beul
Dresden
Pillnitz

Jacobstein oberhalb Wackerbarths Ruhe

Spitzhaus auf den Höhen von Oberlößnitz

LÖSSNITZSTADT

Radebeul

Streifzüge durch
Geschichte und Gegenwart
von Gottfried Thiele

Mit Fotos
von Erich Braun

INHALT

Einleitung

„Von Dresden abwärts bespült die Elbe, ehe sie zwischen dem Spaargebirge und dem Meißner Dom in das flachere Land hinausgeht, den reichen Fruchtboden der Lößnitz. Altes Kulturland breitet sich hier, der Garten der sächsischen Erde. Blumen werden in Fülle gezogen, Früchte aller Art bringt jeder neue Sommer; helle Ortschaften, halb städtisch, halb ländlich reihen sich langgedehnt auf dem rechten Ufer des Stroms, gegenüber die Höhen von Cossebaude, die zur Zeit der Obstblüte ganz in weißrotem Geflock versunken sind. Die Lößnitzberge, turmbekrönt, jäh über sanften Anhöhen aufsteigend, wehren jedem rauhen Wind. Von dem dichtbesiedelten Elbgrunde über die Vorhügel hin breitet sich Garten an Garten, und eine unübersehbare Zahl von Landhäusern und kleinen und großen Obstgütern ist dazwischen ausgesät, bis in die hohen Weinberge des Steilhanges hinauf."

So begeistert und überschwenglich beschreibt ein Schriftsteller der 20er Jahre die jetzige Stadt Radebeul, die zu seiner Zeit noch aus mehreren selbständigen Ortschaften bestand, ist sie doch in ihrem derzeitigen Umfang erst reichlich ein halbes Jahrhundert alt. So ist es keine Seltenheit sondern eher eine Besonderheit, daß ältere Einwohner in Naundorf bei Kötzschenbroda oder in Niederlößnitz geboren wurden, als Kötzschenbrodaer Bürger heirateten und nun in Radebeul ihren Lebensabend verbringen, ohne jemals umgezogen zu sein. Diese Besonderheit ist ein Kennzeichen, das Radebeul mit seinen rund 30000 Einwohnern von anderen sächsischen Städten unterscheidet, die von einer alten Burg oder Siedlung aus sich im Lauf der Jahrhunderte nach und nach erweiterten.

Als größte Stadt des Landkreises Dresden lebt sie vom Weinbau, von der Industrie und von der unmittelbaren Nachbarschaft zur Residenzstadt Dresden, nachdem Versuche, sie zu einem Kurort zu machen, trotz vielversprechender Anfangserfolge scheiterten. Für den Fremdenverkehr jedoch bieten sich nun wieder Perspektiven, die auch tatkräftig in Angriff genommen werden. Zugleich aber wächst auch das heimatgeschichtliche Interesse, ist es doch das Wissen über die Vergangenheit, das es uns ermöglicht, die Gegenwart zu begreifen und zu meistern. So soll dieses Buch gleichermaßen dem Einwohner wie dem Gast unserer Stadt zur Verfügung stehen, wenn er sie, ihre Geschichte, ihre Kultur und ihre Umgebung richtig kennenlernen und in Erinnerung behalten möchte.

Radebeuler Stadtgeschichte

Die Geschichte der Stadt Radebeul, die in ihrer heutigen Ausdehnung erst seit 1935 besteht, ist in erster Linie die Geschichte von 10 Dorfgemeinden, die in der Elbaue nahe Dresden lagen oder die Lößnitzhänge und das Oberland besiedelten. Dörfer waren es mit einer zum Teil jahrhundertealten Geschichte, aber auch Gemeinden, deren Gründung kaum hundert Jahre zurücklag, als sie bereits wieder eingemeindet wurden. Nur 37 Jahre lang, von 1839 bis 1876 bestanden alle 10 Orte nebeneinander. Von der Stadtgrenze zu Dresden beginnend bis zur Stadtgrenze Coswig sind das die ehemaligen Lößnitzortschaften Radebeul, Oberlößnitz, Serkowitz, Wahnsdorf, Niederlößnitz, Kötzschenbroda, Fürstenhain, Lindenau, Zitzschewig und Naundorf. Der zuletzt genannte Ort ist dabei der urkundlich älteste Ortsteil. Er wurde 1144 erstmals erwähnt. In diesem Jahr trat Radebeul in die schriftlich überlieferte Geschichte ein. Es ist aber sicher, daß die Ortsteile mit den Namen sorbischen Ursprungs schon etwa seit dem 6. Jahrhundert bestanden, wie Ausgrabungen beweisen. Da aber in der Umgebung sogar Gefäße aus der Zeit von 3000 vor Christus zutage gefördert wurden, können wir uns dessen bewußt sein, auf dem Boden einer viereinhalbtausendjährigen Geschichte und Kultur zu leben.

Die neuere Geschichte geht auf die Besiedlung durch die germanischen Kolonisatoren zurück, die im 10. Jahrhundert in unserem Gebiet von Meißen ausging. Die bereits ansässige sorbische Bevölkerung wurde dabei allmählich integriert, ein Prozeß, der weitestgehend friedlich ablief. So entstanden die sogenannten Altgemeinden, die ihren historischen Dorfkern noch heute vorweisen können. Dagegen wurden die Gemeinden Ober- und Niederlößnitz in den ehemaligen Weinbergen erst 1838 durch staatliche Verordnung gegründet, die damit eine fast zweihundertjährige Entwicklung sanktionierte. Zugleich schuf diese Verordnung auch die Grundlage dafür, daß kommunale Körperschaften entstehen konnten, die in der Lage waren, jene Entwicklung zu beeinflussen, die 1935 mit der Bildung der Stadt Radebeul als Lößnitzstadt ihren Abschluß fand.

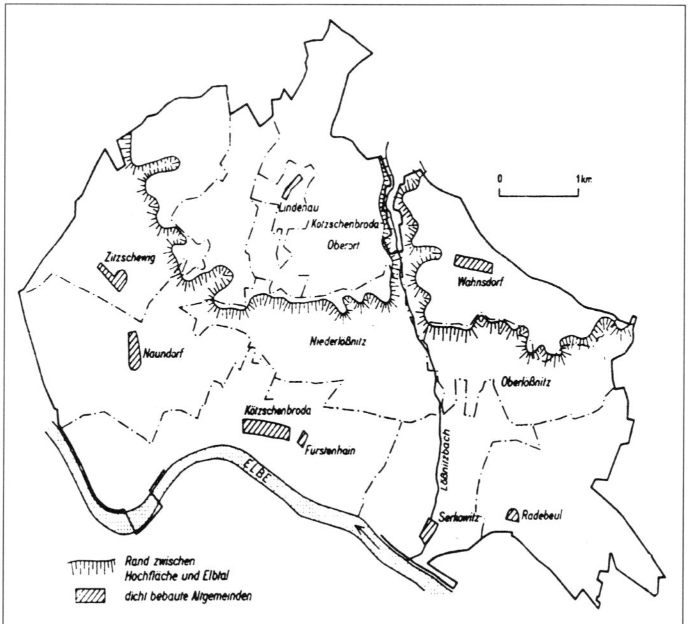

Kötzschenbroda mit Fürstenhain

Die bedeutendste der Lößnitzgemeinden war Kötzschenbroda, 1271 erstmals in einer Urkunde erwähnt. Die Bedeutung wird vorallem dadurch deutlich, daß der Ort schon sehr zeitig Kirchdorf war (von der ersten Kirche wird bereits 1273 berichtet), sowie durch die 1497 bestätigte Gerichtsbarkeit und das Marktrecht. Vermutlich wurde der Markt anstelle des alten sorbischen Weilers errichtet, den man sich im Bereich des Kirchvorplatzes zwischen der Oberschänke und dem Gradsteg vorstellen kann. Daran schloß sich ein großzügig von deutschen Kolonisten angelegtes Straßendorf an, das jetzige Altkötzschenbroda. Die ersten Einwohner waren Bauern, die Felder lagen zu beiden Seiten der Ansiedlung von der Elbe bis etwa zu den Heidesandterrassen am Berghang. Dort hatte fast jedes Gut einen eigenen Weinberg, während auf dem Hochland Wald und Busch vorwiegend der Hutung dienten. Bezeichnenderweise hieß das Weinbaugebiet lange Zeit „Kötzschberger (Kötzschenbrodaer) Weingebirge" bis sich später der Name „Lößnitz" durchsetzte. Zunächst war Kötzschenbroda Lehnbesitz u. a. der Grafen von Dohna, seit 1378 wurde das Dorf Amtsdorf des kurfürstlichen Amts Dresden. Im 30jährigen Krieg wurde es durch den Waffenstillstand von 1645 bekannt, der im Pfarrhaus der Friedenskirche unterschrieben, den Krieg zwischen Sachsen und Schweden beendete. Da das Dorf nahezu geschlossen angelegt war, mußte die weitere Besiedlung auf den Feldern und den Weinbergen umher erfolgen. Diese Bautätigkeit begann vor allem im 18. Jahrhundert und wurde im 19. Jahrhundert verbunden mit der Industriealisierung zügig fortgesetzt. Mit der Eingemeindung von Fürstenhain, einem kleinen Amtsdorf am östlichen Rande der Gemeinde, begann 1876 der Zusammenschluß der Lößnitzdörfer. Entstanden war dieser Ort aus einem fürstlichen Vorwerk, das 1553 aufgelöst wurde. Es war vollständig von Kötzschenbrodaer Flur umgeben und geriet auch immer in wirtschaftliche Abhängigkeit von dem größeren Nachbarn. Die Eingemeindungen setzten sich fort, als 1920 Lindenau sowie 1923 Niederlößnitz, Naundorf und Zitzschewig hinzukamen, so eine Großgemeinde mit über 17 000 Einwohnern entstand. 1924 erhielt die Gemeinde das Stadtrecht. Sie war zu diesem Zeitpunkt bereits Sitz eines Amtsgerichts, das 1910 vom damaligen Justizminister Dr. von Otto eingeweiht wurde, dessen Bezirk nicht nur die Lößnitzorte sondern auch Coswig und Kötitz sowie überelbisch Niederwartha und Wildberg umfaßte. Dennoch wurde bei der 1935 erfolgten Zusammenlegung mit Radebeul verfügt, daß die neue Stadt den Namen erhielt, der „deutscher" klang. Der höheren Bedeutung und der größeren Einwohnerzahl Kötzschenbrodas wurden nur dadurch Rechnung getragen, daß es im Stadtrat 11 der 21 Stadtverordneten stellte. Seitdem „fährt kein Zug nach Kötzschenbroda" (der Bahnhof heißt jetzt 'Radebeul West'), wie es in einem Schlager der 20er Jahre unseres Jahrhunderts gern gesungen wurde.

Radebeul

Altes Siegel von Radebeul (Radebeil)

Das Dorf Radebeul wurde 1349 erstmals schriftlich erwähnt, ist aber sicher auf der Grundlage einer wesentlich älteren slawischen Siedlung entstanden. Der alte Ortskern hat sich südlich des Bahnhofs Radebeul-Ost in der Straße „Am Kreis" noch gut erhalten. Zunächst war es ein reines Bauerndorf, das im 16. Jahrhundert noch einen Teil der Fluren des benachbarten wüst gewordenen Dorfes Gleina erhielt. Die Gleinaer Straße im nahen Stadtteil Dresden-Kaditz erinnert noch an diese Wüstung. Radebeul wurde mehrfach durch Dorfbrände verwüstet, das letzte große Schadensfeuer zerstörte 1813 insgesamt 20 Häuser. Auch von Einquartierungen in den Schlesischen und Napoleonischen Kriegen wurde der Ort nicht verschont, blieb arm bis die Industrialisierung im 19. Jahrhundert einsetzte, wozu auch der verstärkte Verkehr durch Eisenbahn und Straßenbahn beitrug. Während der bäuerliche Bestand über die Jahrhunderte nahezu unverändert blieb, erweiterte sich das Dorf später vor allem durch die Häusler, Handwerker und Händler. Der landwirtschaftlich weniger ertragreiche Boden wurde Industriebetrieben angeboten, wodurch an beiden Seiten der Eisenbahn ein ausgedehntes Fabrikviertel entstand, was sich auch in der Wohnbebauung ausdrückt, waren doch nun billige große Mietshäuser vor allem notwendig.

Altes Siegel von Radebeul (Radebeil)

Kirchlich und schulisch gehörte das Dorf bis zum Ende des 19. Jahrhunderts zu Dresden-Kaditz. Erst 1890 wurde zusammen mit Serkowitz und Oberlößnitz eine eigene Parochie gegründet, 1892 die später 'Lutherkirche' genannte eigene 'Kirche zu Radebeul' eingeweiht. 1905 wurde Radebeul durch die Eingemeindung von Serkowitz erheblich vergrößert und erhielt1924 das Stadtrecht. Wenige Monate vor dem Zusammenschluß mit Kötzschenbroda wurden 1934 Oberlößnitz und Wahnsdorf eingemeindet. Trotzdem erreichte Radebeul nicht ganz die Einwohnerzahl der anderen Lößnitzstadt.

Naundorf

Siegel von Naundorf bis 1923

Naundorf wurde 1144 in einer kaiserlichen Urkunde erstmals erwähnt, ist eine durch Rodung entstandene deutsche Gründung, die jetzt in ihrer ursprünglichen Anlage nahezu erhalten ist. Zunächst im bischöflich Meißnischen Besitz kam es dann an die Wettiner und wurde später ein Amtsdorf von Dresden. Die Feldflur um das Dorf herum wurde ergänzt durch Weinberge und Waldbuschland östlich und westlich der Kottenleite. Die Naundorfer Flur reichte von Kötitz bis zur Flemmingstraße und war größer als man sie jetzt gemeinhin vermutet. Immerhin hatte das Dorf einmal 31 Weinpressen. Der Weinanbau hatte also bis in die Niederungen hinunter einen großen Umfang. Wegen mehrerer Mißernten wurde nach 1800 die Landwirtschaft wieder erweitert, der Wein auf Naundorfer Flur nur noch auf Restflächen angebaut. Eine vorbildliche Feuerlöschordnung aus dem Jahre 1775, die Feueressen aus Backstein vorschrieb, eine harte Bedachung verlangte und das Umherlaufen mit offenem Licht und brennenden Kienspänen verbot, konnte nicht verhindern, daß das Dorf 1822 fast völlig niederbrannte. Deshalb tragen die meisten Gebäude im alten Dorfkern diese Jahreszahl an den Schlußsteinen von Toren und Türen. Nach dem Bau der Berliner Eisenbahnstrecke, durch die der Ort 1876 einen Haltepunkt erhielt, breitete er sich zu Beginn des 20. Jahrhunderts aus, besonders seit das Fabrikviertel jenseits der Bahn entstand. Diesem folgte später eine Wohnsiedlung zwischen Zellstoffwerk Coswig und den Naundorfer Fabriken. Im Jahre 1923 wurde Naundorf zu Kötzschenbroda eingemeindet, zu dessen Parochie es schon immer gehört hatte.

Zitzschewig

Es ist sicher keine Sage, wenn behauptet wird, daß der Ortsname im ersten Weltkrieg von Soldaten aus Sachsen gern als Parole verwendet wurde, ist er doch für Ausländer schwer aussprechbar. Der 1366 erstmals erwähnte Ort entstand als Erweiterung eines alten sorbischen Weilers im jetzigen Altzitzschewig als Straßendorf entlang der Meißner Straße. Bis zum Jahre 1838 war das Dorf politisch zweigeteilt, unterstand teils dem Dresdner Rat, teils dem Prokuratsamt Meißen. Die Besitzer einiger Weinberge hatten Sonderrechte. Möglicherweise war das auch die Anerkennung für die gute Qualität des Weins, den die zahlreichen Weinberge lieferten. Erzielte doch Zitzschewiger Wein 1630 unter 18 Dörfern den höchsten Preis von der kurfürstlichen Kellerei. Der Rietzschkegrund – nördlich oberhalb der Altgemeinde gelegen – wurde in der ersten Hälfte des 19. Jahrhunderts endgültig besiedelt, nachdem eine frühere Besiedlung wieder aufgegeben wurde. Mit der Errichtung des Friedhofs und der Johanneskapelle wurden Zitzschewig und das angrenzende

Naundorf ein Gemeindebezirk innerhalb der Parochie Kötzschenbroda. 1924 erfolgte der Anschluß Zitzschewigs an das Dresdner Straßenbahnnetz. Bis zu seiner Eingemeindung im Jahre 1923 hatte sich der Ort seinen ländlichen Charakter bewahrt, dieser wurde bis in die heutige Zeit erhalten.

Serkowitz

Siegel von Serkowitz bis 1905

Um den Gasthof, die ehemalige „Erbschänke“ geschart, blieben die Anwesen des Ortes immer ein wenig am Rande der Geschichte Radebeuls, obwohl er bereits 1315 als Besitz der Nonnen von Seußlitz bei Meißen genannt wird. Da der Gasthof eine gute Einnahmequelle als Rasthaus an der alten Meißner Straße war, bot er Anlaß für manchen Rechtsstreit. Trotz der großen Flur, die sich zum Teil weit über die Meißner Straße hinzieht, blieb die Ansiedlung sehr bescheiden und klein. Außerdem bewirkte die Verlegung der Meißner Straße auf die jetzige Lage, daß Serkowitz abgeschieden blieb. Erst mit der Industrialisierung wuchs der Ort Ende des 19. Jahrhunderts schnell an, wurde Wohnort der Industriearbeiter und Kleingewerbestandort. Dazu trug auch der Eisenbahnanschluß bei. War doch der Haltepunkt Radebeul-Weintraube, der eine zeitlang auch 'Haltepunkt Serkowitz' hieß, erster Streckenbahnhof der Dresden-Leipziger Eisenbahn. Dennoch mußte aber die Gemeinde ständig mit starken kommunalen Lasten kämpfen. Bereits 1905 ging Serkowitz in der Gemeinde Radebeul auf.

Nieder- und Oberlößnitz

Die beiden im Zuge der sächsischen Landgemeindeordnung aus dem Jahre 1838 gegründeten Gemeinden haben eine ähnliche Geschichte und man kann sie daher gemeinsam beschreiben. Beide Gemeinden entstanden, getrennt durch den Lößnitzbach, im Zuge

Alte Siegel von Ober- und Niederlößnitz

der Besiedlung der Weinberge auf den Fluren der unterliegendenden Lößnitzgemeinden. Waren es im 17. Jahrhundert zunächst die herrschaftlichen Weinbergbesitzer aus der Residenz, die ihre Winzerhäuser zu Landsitzen erweiterten, so gehörte es nach und nach zum guten Ton, daß sich Adlige und Patrizier aus Dresden in den Lößnitzer Weinbergen ansiedelten. Nach dem Siebenjährigen Krieg setzte die zweite Etappe der Besiedelung ein. Zu den herrschaftlichen Bauten kamen dann Häuser für die Bediensteten, die Winzer und auch für Bauernsöhne aus den umliegenden Dörfern, die den elterlichen Hof nicht erben konnten.

So entstand jene offene Bebauung, die für diesen Teil Radebeuls charakteristisch ist, bestehend aus ehemaligen Herrensitzen, Villen und schlichten Häusern, umgeben von Parks und Gärten. Sie sind Ausdruck jener Vielfalt, die von Fachleuten als Lößnitzbaukunst bezeichnet wird, ohne daß damit ein bestimmter Baustil gemeint ist. Als Straßen wurden dabei die vorhandenen Wege zwischen den Weinbergen und die ehemaligen Viehtreiben genutzt. Lediglich am Stadtrand zu Dresden wurde einmal eine von einem Platz ausgehende sternförmige Straßenziehung festgelegt.

Es fiel den Bewohnern nicht leicht, sich den strengeren Regeln und Gesetzen zu unterwerfen, die eine politische Gemeinde verlangt, der Status eines gemeinnützigen Vereins lag ihnen mehr. Deshalb bildeten zunächst Weinbergsvereine die Grundlage für das Gemeinwesen. Durch die staatliche Verfügung, die sächsische Landgemeindeordnung wurden 1839 die ersten Gemeinderäte gewählt, danach Rathaus und Schulen eingerichtet. 1923 kam Niederlößnitz zu Kötzschenbroda, 1934 Oberlößnitz zu Radebeul.

Lindenau

Im Jahre 1287 anläßlich eines Weinverkaufs erstmals erwähnt, gehörte das Oberlanddorf als deutsche Weinsiedlung in Form eines Gassendorfs gegründet, zunächst dem Grafen von Dohna, wurde später Amtsdorf von Dresden. Die Einwohner arbeiteten zum großen Teil in den Weinbergen der Lößnitz. Eigener Weinbau wurde in der südlichen Ortsflur betrieben. Trotzdem es weitgehend von Kötzschenbrodaer Flur umschlossen war, auch kirchlich zu Kötzschenbroda gehörte, bewahrte es bis 1920 seine kommunale Selbständigkeit, die es aufgab, als die finanziellen Belastungen für die Einwohner zu groß wurden.

Wahnsdorf

Siegel von Wahnsdorf bis 1934

Das ebenfalls im Oberland gelegene Wahnsdorf trat 1350 in die Geschichte ein. Es ist ein Straßendorf, das sich westlich zum Angerdorf erweitert. Grundherr war zuerst der Graf von Dohna, der es als Lehen erhalten hatte, später die Besitzer des Hermsdorfer Rittergutes. Das blieb auch so, als der sächsische Kurfürst, sein Vorwerk im 16. Jahrhundert auflöste und es der Gemeinde zugeschlagen wurde. Zum Ort gehörten auch zwei Mühlen im Lößnitzgrund und zahlreiche Weinberge an den Südhängen. Trotzdem Wahnsdorf kirchlich und schulisch zu Reichenberg gehörte, kam es mit der Nutzung von Elektrizität und Wasseranschluß zunehmend zu einer Anbindung an Radebeul. Lediglich die Straßenverbindung ist zu den Gemeinden im Oberland günstiger geblieben. 1916 wurde auf der Wahnsdorfer Kuppe eine Wetterwarte errichtet, die 1928 zu einem Observatorium wurde.
1934 kam es zur Eingemeindung nach Radebeul, kurz bevor Radebeul mit Kötzschenbroda zusammengelegt wurde. Separate Verhandlungen mit Oberlößnitz wegen einer Zusammenlegung mit dieser Gemeinde waren vorher mehrfach gescheitert.

Stadtgeschichte im Überblick (Zeittafel)

1144 Erste schriftliche Überlieferung von einer der zehn Lößnitzgemeinden, aus denen Radebeul entstand. Kaiser Konrad entschied damals in einem Rechtsstreit, dessen Urkunde erhalten ist, daß das Dorf dem Bischof von Meißen gehört. Radebeul (-Naundorf) ist somit rund 850 Jahre alt.

1271 Erste urkundliche Erwähnung von Kötzschenbroda, des bedeutendsten Lößnitzortes. Es folgen 1287 Lindenau, 1315 Serkowitz, 1349 Radebeul, das der Stadt später seinen Namen gab, 1350 Wahnsdorf und 1366 Zitzschewig.

1273 Erstes Dokument über ein Radebeuler Bauwerk, die Kirche zu Kötzschenbroda, später Friedenskirche genannt, es folgen 1337 und 1349 die Erbschänken (Gasthöfe) von Serkowitz und Naundorf.

1324 Verpflichten sich die Brüder Magnis von ihrem Weinberg je ein halbes Faß „vinum Kotzbrodensis" (Kötzschenbrodaer Wein) an kirchliche Einrichtungen in Meißen und Dresden zu liefern, erste Belege für den Weinbau in dieser Gegend.

1539 Die Kirchgemeinde Kötzschenbroda geht im Zuge der Reformation zum evangelischen Bekenntnis über. Das fürstliche Vorwerk wird teilweise aufgelöst, aus dessen Restfläche

1553 das Dorf Fürstenhain entstand, umschlossen von Kötzschenbrodaer Flur.

1626 trat erstmals die Pest in der Lößnitzstadt auf, später auch 1633 und 1680. Im letztgenannten Jahr wird in Lindenau ein Pestfriedhof errichtet.

1627 Großer Dorfbrand in Radebeul, weitere sind aus den Lößnitzorten 1634 (Serkowitz), 1637 (Kötzschenbroda), 1740 und 1746 (Lindenau), 1764, 1782 und 1813 (Radebeul) sowie 1822 (Naundorf) überliefert.

1645 Am 27. August Unterzeichnung des „Waffenstillstands von Kötzschenbroda" im Pfarrhaus der Friedenskirche. Durch ihn wurde der 30jährige Krieg in Sachsen beendet.

1650 Abschluß des Neubaus eines Lusthauses in Hoflößnitz, das anstelle eines früheren Weinberghauses entstand.

1729 wird der Neubau von „Wacherbarths Ruhe", dem bekanntesten Herrensitz der Lößnitz vollendet.

1788 wird die Hauptstraße zwischen Dresden und Meißen von der Kötzschenbrodaer Straße nach der jetzigen Meißner Straße verlegt, was für die Bebauung und Besiedlung der Lößnitz entscheidende Impulse auslöste.

1826 Gründung der Apotheke zu Kötzschenbroda und der ersten Fabrik, der Laspe'schen Tonpfeifenfabrik.

1837 Das erste Personen-Dampfschiff, die „Königin Maria" hält in Kötzschenbroda, ein Jahr später hielt der erste Zug in Radebeul-Serkowitz (Radebeul-Weintraube).

1839 wurde die Eisenbahnlinie Dresden-Leipzig durchgehend in Betrieb genommen. Die Gleise lagen damals noch straßengleich, durch Schranken gesichert.
In diesem Jahr fanden auch in allen 10 Gemeinden der Lößnitz die Gemeinderatswahlen statt. Damit war auch die Gründung der Oberlößnitz und Niederlößnitz vollzogen, die 1838 mit der Sächsischen Gemeindeordnung festgelegt worden war.

1870 wird im Lößnitzgrund das Zillersche Wasserwerk errichtet, das weite Teile der Lößnitz versorgte.

1872 Errichtung des ersten Bahnhofsgebäudes in Kötzschenbroda an der Meißner Straße 281

1876 Fürstenhain wird an Kötzschenbroda angeschlossen, damit beginnt der Zusammenschluß der Lößnitzgemeinden. Die Eisenbahnstrecke von Dresden über Cossebaude wird in Betrieb genommen (Eisenbahnbrücke und Bahnhof Naundorf).

1884 Inbetriebnahme der Schmalspurstrecke Radebeul-Radeburg mit dem Haltepunkt „Weißes Roß".

1892 Neubau der Kirche zu Radebeul (Nach dem Zusammenschluß mit Kötzschenbroda 'Lutherkirche' genannt).

1894 In den Gemeinden Lindenau, Zitzschewig und Naundorf werden Posthilfstellen errichtet. Das Bilz-Sanatorium wird gegründet.

1896 Mit der Inbetriebnahme des Kummerschen Elektrizitätswerkes im Lößnitzgrund (später Elektrizitätswerk Niederlößnitz genannt) beginnt die Elektrifizierung der Lößnitz.

1899 Wird in zwei Etappen die Straßenbahnlinie Dresden-Kötzschenbroda in Betrieb genommen. Sie wird 1924 bis Zitzschewig verlängert, 1930 auf Normalspur umgestellt und bis nach Coswig verlängert (später bis Weinböhla).

1900 Errichtung der Rathäuser in Radebeul und in Oberlößnitz (oberhalb der Gaststätte „Zum Russen“).

1905 Serkowitz wird nach Radebeul eingemeindet, damit existieren noch acht selbständige Lößnitzgemeinden

1910 Errichtung des Amtsgerichts Kötzschenbroda und Bildung des entsprechenden Bezirks, der die Lößnitzgemeinden und Teile des Kreises Meißen umfaßt.

1912 Gründung des „Hoflößnitzvereins“, der sich die Errichtung eines Heimatmuseums zum Ziel setzte. 1915 wurde „Hoflößnitz“ Gemeindebesitz und 1924 als Heimatmuseum eröffnet.

1916 Einweihung der Wetterwarte Wahnsdorf, die 1928 den Status eines Observatoriums erhielt.

1920 Lindenau wird nach Kötzschenbroda eingemeindet, damit beginnt die letzte Etappe des Zusammenschlusses aller Lößnitzgemeinden, die

1923 mit dem Anschluß von Naundorf, Zitzschewig und Niederlößnitz an Kötzschenbroda fortgesetzt wird.

1924 erhalten die Gemeinden Kötzschenbroda und Radebeul das Stadtrecht.

Erster Ortssiegel von Oberlößnitz ab 1839

Siegel von Radebeul 1890 bis 1905

1928 wird das Karl-May-Museum gegründet. Die Witwe von Karl May und Petty Frank als langjähriger Leiter bringen ihre Exponate dafür ein.

1934 erfolgt die Eingemeindung von Wahnsdorf und Oberlößnitz nach Radebeul und im Jahre

1935 wurde aus den Städten Radebeul und Kötzschenbroda die neue Stadt Radebeul gegründet, in den neuen Stadtrat zogen entsprechend der Einwohnerzahl 11 Gemeinderäte aus Kötzschenbroda und 10 aus Radebeul ein (insgesamt ca. 35000 Ew.)

1950 Die Landesbühnen Sachsen werden von Dresden-Gittersee nach Radebeul verlegt. der Ballsaal der „Goldenen Weintraube“ wird zum Theatersaal umgebaut.

1951 wird das Lößnitzbad eingeweiht, das aus einer stillgelegten Kiesgrube entstand und vom Grundwasser gespeist wird.

1959 Einweihung der Volkssternwarte auf den Ebenbergen oberhalb von „Wackerbarhs Ruhe“.

1960 Im Hohenhaus, dem historischen Bischofs- und Herrensitz in Zitzschewig, literarisch durch Gerhart Hauptmann bekanntgeworden, wird die Puppentheatersammlung, Radebeuls drittes Museum, eingerichtet.

1983 Abschluß der Erneuerung der Naundorfer Brücke nach Niederwartha. Anstelle der im 2. Weltkrieg teilweise zerstörten Stahlbogenbrücke entstand eine Stahlbetonbrücke.

1984 Einweihung der Schwimmhalle in Radebeul-Mitte, nahe am Haltepunkt Radebeul-Weintraube.

1989 Mit einer großen Versammlung in der Sporthalle in Radebeul-West wird vom „Neuen Forum“ auch in Radebeul die Wende zur Demokratie und zur Einheit Deutschlands eingeleitet.

1993 Radebeul hat jetzt ca. 30000 Einwohner, ist die größte Stadt im Landkreis Dresden, Sitz mehrerer zentraler Einrichtungen und Ämter.

Kulturgeschichte und Denkmalschutz

Eine nur einigermaßen vollständige Würdigung aller kulturgeschichtlich bedeutsamen Bauwerke Radebeuls, die denkmalschutzwürdig sind oder dem Denkmalschutz unterliegen, ist hier aus Platzgründen einfach nicht möglich. Es kann deshalb nur repräsentative Auswahl vorgestellt werden, die zugleich auch dazu anregen soll, weitere kulturhistorische Schätze zu entdecken. Ihr Bestand wird von der Entstehung der Stadt wesentlich geprägt. In der Elbaue und auf dem Hochland, das sich weiter bis zum Friedewald erstreckt sind es die Altgemeinden aus dem Mittelalter mit ihren Dorfkernen und den sich daran anschließenden Erweiterungen und Änderungen der Neuzeit, die das Baugeschehen und die Kultur beeinflußten. An den Hängen der Lößnitz sind es die alten Winzer- und Weinberghäuser, die nach und nach zu Herrensitzen, Schlößchen und Lusthäusern umgebaut mit einer Bausubstanz aus dem 15.–18. Jahrhundert in erstaunlicher Vielfalt diesen Stadtteil prägen, beginnend mit dem Hohenhaus im Westen über Wackerbarths Ruhe bis zum Spitzhaus auf der Höhe im Osten der Stadt und dem Museum Hoflößnitz am Eingang des Lößnitzgrundes. Ergänzt werden sie durch Bauten des 19. Jahrhunderts und der sogenannten Gründerjahre dieses Jahrhunderts, überwiegend Häuser des reichen Bürgertums aus der nahen Residenzstadt Dresden, welche die vom Weinbau freiwerdenden Flächen besiedelten, sowie einer Reihe von Kurhausbauten, deren prominentestes das Bilz-Sanatorium wurde. Dem Besucher der Stadt bietet sich so bei seinen Gängen durch das Stadtgebiet kein imposanter Stadtkern und eine sich darum ansiedelnde Neustadt an, wie bei alten sächsichen Städten sondern eine beeindruckende Fläche mit immer neuen Blickpunkten. Dazu gehören auch schlichte Bauten, mit denen später Lücken geschlossen wurden. Wenn für diese Gesamtheit in der Literatur der Begriff „Lößnitzbaukunst“ geschaffen wurde, so ist damit also nicht ein bestimmter Stil gemeint, dieser läßt sich beim besten Willen nicht finden, sondern die erstaunliche Vielfalt, die sich harmonisch zu einem Ganzen fügte. Nicht erst durch Luftbildaufnahmen wird dabei deutlich, daß einige wenige Bauten der letzten Jahre wie häßliche Pickel diesen Eindruck stören. Die Zeit wird hoffentlich diese kleinen Schäden beseitigen, die zwar modern aussehen, aber in dieser Kulturlandschaft stören. Die Industrie blieb dabei weitestgehend an den Außengebieten, eine rauhe Kruste um einen edlen Kern.

Daß sich um diese Lößnitzbaukunst neben namhaften Künstlern aus dem nahen Dresden zahlreiche unbekannte Meister aus der näheren Umgebung verdient machten, daß dazu auch hervorragende Architekten aus Radebeul beitrugen, für welche die Namen Ziller, Eisold und Högg stehen, ist Ausdruck dieser Vielfalt. Nicht jeder konnte sich wie der Graf von Wackerbarth oder die sächsischen Herrscher fürstliche Hof- und Landbaumeister leisten, aber auch die zahlreichen

Tafel am Berg- und Lusthaus Hoflößnitz (Museum)

Baumeister der 'zweiten Reihe' brachten Beachtliches zustande, ließen sich von prominenten Vorbilder inspirieren.

Mit den Landesbühnen Sachsen hat Radebeul das bedeutendste Reisetheater des Freistaates in seinen Mauern. Mit der Puppentheatersammlung, dem Heimat- und Weinbaumuseum Hoflößnitz sowie dem Karl-May-Museum beherbergt es weitere bedeutende Kulturstätten, die dafür sorgen, daß ständig ein touristisches Interesse besteht, zumal Radebeul auf halbem Wege zwischen der alten sächsischen Residenz Meißen und dem Zentrum des prunkvollen Elbflorenz Dresden, der Hauptstadt des früheren Königreichs Sachsen, des jetzigen Freistaates liegt, die neugeschaffene „Sächsische Weinstraße“ die Stadt auf ihrer ganzen Länge durchquert.

Hoflößnitz

Wenn wir in Radebeul zunächst der alten Verbindungsstraße von Meißen nach Dresden folgen, die sich nahe der Elbe hält, so finden wir in den alten Dorfkernen von Naundorf, Kötzschenbroda und Serkowitz kulturhistorische Ensembles vor, die man fast als bewohnte Freilandmuseen bezeichnen möchte. Das trifft besonders für Altnaundorf zu, das noch stark von der bäuerlichen Kultur der ehemaligen Wein- und Ackerbauern geprägt wird. Wenn man die alten Chroniken durchblättert, findet man zahlreiche Familien, die seit dem späten Mittelalter bodenständig sind. Die sorgfältige Erhaltung der Bauernhäuser bringt das teilweise zum Ausdruck. Wo das nicht mehr möglich ist, sind nun die Stadt und der Staat gefordert, die Erhaltung zu fördern.

Die beiden Kirchen, in ihrer jetzigen Gestalt fast gleichalt, haben dennoch eine unterschiedliche Geschichte. Die Friedenskirche der Altgemeinde Kötzschenbroda entstand anstelle einer alten Kirche, die bereits im 13. Jahrhundert erstmals erwähnt wurde, war Zentrum einer alten Parochie. Da die Kirche zu klein war, eine zusätzliche Empore nicht genehmigt wurde, entschloß sich die Gemeinde zu einem Neubau. Nur den Chor und den Unterbau des Turms ließ man stehen. Nach dem Umbau 1885 erhielt sie äußerlich ihre heutige Gestalt, wirkte fast wie ein neugotischer Bau. Im Innern erfolgte 1965 eine gründliche Neugestaltung, der Altarraum wurde erneuert, das Gestühl aufgehellt, alles wirkt seitdem licht und freundlich. Besonders erwähnenswert ist dabei die Entstehung der neuen Fenster des Altarraums. Der in Radebeul ansässige Pfarrer und Künstler Dr. Christian Rietschel, Nachfahre des berühmten Bildhauers Ernst Rietschel, hatte einen schweren Verkehrsunfall durch glückliche Fügung überstanden. Aus Dank dafür stiftete er der Kirche die kompletten Entwürfe der Glasfenster. In einer beispiellosen Spendenaktion finanzierten einzelne Gemeindeglieder und -gruppen jeweils ein Feld, bis alle Altarfenster bezahlt waren.

Die Lutherkirche im Osten der Stadt war degegen ein völliger Neubau als Ausdruck der Selbständigkeit, welche die östlichen Lößnitzgemeinden um die Jahrhundertwende erreichten, die bis dahin kirchlich und schulamtlich zu Dresden (-Kaditz) gehörten. Aus einem Wettbewerb gingen die Neueinsteiger Schilling und Gräbner als Sieger hervor, die mit diesem Bau ihren Ruf als progressive Kirchenbauer in Sachsen begründeten. Nach Vollendung dieses Neubaus im Jahre 1892 schufen sie unter anderem die Christuskirche in Dresden-Strehlen und die Lutherkirche in Zwickau.

Der Weg zurück auf der neuen Meißner Straße, die im 18. Jahrhundert angelegt wurde, weil die häufigen Überflutungen durch die Hochwasser der Elbe den Verkehr behinderten, läßt den Blick frei zu einigen hervorragenden Bauten auf den Höhen, führt direkt an einigen vorbei. Wegweiser machen auf die aufmerksam, die wir abseits der großen Straßen erreichen.

Das Karl-May-Museum befindet sich unmittelbar hinter der Lutherkirche. Es wurde 1928 im Blockhaus „Villa Bärenfett" eingerichtet, nachdem die Witwe Karl Mays und der Besitzer des Karl-May-Verlages, E. A. Schmid, zunächst nur Räume im Obergeschoß der „Villa Shatterhand", des letzten Wohnsitzes von Karl May zur Gedenkstätte umgestalten wollten. Da aber durch Patty Frank, dem langjährigen Leiter des Museums, eine reichhaltige Sammlung in den Museumsbestand eingebracht wurde, war das aus Platzgründen nicht möglich. Nach der Renaissance von Karl May wurde nun die „Villa Shatterhand" wieder Bestandteil des Museums und eröffnete die Möglichkeit, anläßlich des Karl-May-Jubiläums 1992 eine Ausstellung zu eröffnen, die tatsächlich Leben und Werk des beliebten Autors umfassend würdigt. So wurde aus dem Indianer-Museum nun wieder ein Karl-May-Museum, das diesen Namen gerecht wird. Der Blick auf die Höhen oberhalb von Museum und Kirche läßt uns das Spitzhaus erscheinen, das auf der Spitze umfangreicher liegt. Einst kurze Zeit im Besitz der Gräfin Cosel, entstand aus einem schmalen Weinberghaus ein ansehnliches Gebäude, das 1902 zur öffentlichen Gaststätte umgebaut wurde. Nachdem August der Starke es 1710 von der Gräfin Cosel erworben hatte, bezog er es in sein „Hoflößnitz" ein, benutzte es wie seine Nachfolger als Gästehaus. Kaiser Franz Joseph I. von Österreich und König Karl von Frankreich waren gern gesehene Gäste. Dagegen kam Friedrich der Große von Preußen zweimal ungebeten während des Siebenjährigen Krieges. Die Idee, das Spitzhaus durch eine Treppe mit dem Gelände um das „Berg- und Lusthaus" zu verbinden, stammt von August dem Starken selbst. Ausgeführt wurde sie von Daniel Pöppelmann. Inzwischen ist sie 1992 zum zweiten Mal gründlich erneuert worden.

An ihrem Fuß liegt das Museum „Berg- und Lusthaus Hoflößnitz“, wie die offizielle Bezeichnung lautet. Nach Gründung der „Hoflößnitz“ als Weinbergsbesitz des sächsischen Hofes im Jahre 1401 entstand zunächst eine einfache Weinpresse als Fachwerkbau. Dieses Bauwerk und seine Nebengebäude wurden mehrfach umgebaut. 1650 erhielt der Baumeister Ezechiel Eckhardt von Johann Georg I. den Auftrag, ein neues Berghaus zu bauen. Als Lusthaus sollte es zugleich dem Hofe einen angenehmen, heiteren Aufenthalt während der Weinlese bieten. Auch zahlreiche Winzerfeste fanden hier statt. 1834 wurde die Hoflößnitz zum Staatsweingut erklärt, kam 1889 im Zusammenhang mit dem Niedergang des Weinbaus in Privatbesitz. Auf Initiative des Hoflößnitzvereins, der das Haus 1912 erwarb, wurde es unter Prof. Högg wieder zum ursprünglichen Zustand umgestaltet. 1915 kaufte es die Gemeinde Oberlößnitz, die es 1924 als Heimat-

Belvedere (Wackerbarths Ruhe)

museum eröffnete und später in den Besitz der Stadt einbrachte. 1949 wurde es nach dem 2. Weltkrieg als Heimatmuseum wiedereröffnet, ist Domizil zahlreicher Sonderausstellungen und Veranstaltungen. Es soll zu einem Weinbaumuseum des Elbtals erweitert werden.

Unmittelbar am Museum führt die Schmalspurbahn Radebeul-Moritzburg-Radeburg vorbei, noch Verkehrsmittel, fast schon technisches Denkmal. Neben den regulären Zügen fährt im Sommerhalbjahr ein historischer Traditionszug mit den beliebten Sonderfahrten Einwohner und Touristen durch den Lößnitzgrund. Träger des Traditionszuges ist ein eigens dafür gegründeter Verein von Liebhabern und Enthusiasten.

Der Gasthof „Goldene Weintraube“, aus einem alten Weinbergshof entstanden, ist seit 1950 Domizil der Landesbühnen Sachsen, die den ehemaligen Tanz- und Ballsaal zum Theaterraum umgestalteten. Die Busse der Landesbühnen bringen nicht nur die Schauspieler und Musiker zu den Spielorten, sie holen auch Besucher zur Vorstellung. Unmittelbar vor den Toren der Residenz mit dem Staatstheater hat sich hier eine Kulturstätte etabliert, die für zahlreiche prominente Künstler zum Sprungbrett wurde. Mit der Felsenbühne in Rathen besitzt sie außerdem eines der bekanntesten Naturtheater Deutschlands. Die „Goldene Weintraube“ versteht sich zunehmend als Theaterlokal und Veranstaltungshaus, ist Partner der Landesbühnen und anspruchsvolle Einkehrstätte.

Weiter im Westen der Stadt krönt die Friedensburg den Höhenzug, auf dem Gipfel eines Weinbergs in Erinnerung an den Frieden nach dem deutsch-französischen Krieg 1870/71 genannt. In halber Höhe befindet sich die zweitälteste Sektkellerei Deutschlands, die Sektkellerei Bussard, die jetzt wieder den traditionell handgeschüttelten Sekt herstellt. Fast schon am Ende der Straße nach Meißen liegt rechts Schloß Wackerbarth mit dem Jacobstein, darüber ist die Kuppel der Sternwarte zu sehen. Dieses Schloß mit seinem Park und dem Lusthaus Belvedere wurde vom Staatsminister August des Starken, August Christoph Graf von Wackerbarth, zu seinem Altersruhesitz erwählt, es heißt deswegen auch „Wackerbarths Ruhe“. Seine Pläne wurden vom Oberlandbaumeister Christoph Knöffel 1729 realisiert. Aus einem alten Weingut entstand so einer der schönsten Herrensitze der Lößnitz, der jetzt das Sächsiche Staatsweingut beherbergt, das eigene Weine keltert und zum Teil auch importierte Weine zu Sekt verarbeitet.

In Zitzschewig, wo sich abseits der Hauptstraße noch ein kleiner alter Dorfkern befindet, erblicken wir oben am Hang noch den alten Weinbergsitz der Meißner Bischöfe, das Hohenhaus. Der Besitz bestand bereits seit dem 15. Jahrhundert, ging nach häufigem Besitzerwechsel 1699 auf den Feldmarschall Heinrich von Flemming über.

Die Behauptung, daß auch Graf Wackerbarth eine zeitlang Besitzer gewesen sei, hat sich nicht bestätigt. Seine heutige Schönheit erhielt der Park durch den Berliner Bankier Berthold Thienemann, der das Grundstück 1864 erwarb. Im Jahre 1885 heirateten drei seiner fünf Töchter die Gebrüder Hauptmann, von denen Gerhart Hauptmann längere Zeit im Hohenhaus weilte. Der nachfolgende Besitzer, Walter Stechow, ließ das Hohenhaus so umbauen, daß es jetzt den großbürgerlichen Geschmack der Jahrhunderwende widerspiegelt. Ein Teil der Räume ist noch im damaligen Zustand erhalten. Sie sind jetzt der Rahmen für die Puppentheatersammlung, einem fast einmaliges Museum mit Sachzeugnissen aus 200 Jahren sächsischer Puppenspielkunst.

Die zahlreichen Weinberghäuser zu sehen, die vom Paulsberg über den Johannesberg zum „Haus Fliegenwedel", zum Minckwitzschen Herrenhaus, zum Grundhof, zu Meinholds Turmhaus an der Oberlößnitzer Weinbergstraße und zum Bennoschlößchen und zum „Haus Sorgenfrei" führen, müßten wir in Gedanken wieder zurück zur Stadtgrenze nach Dresden gehen, aber in halber Höhe der Hanglage entlang der alten Bergstraßen. Dazu dienen dann unsere Stadtrundgänge in der Praxis. Jedes Haus hat sein eigenes Gesicht, seine eigene Baugeschichte und die Geschichte seiner Bewohner. Den gesamten kulturhistorischen Bestand zu erfassen, genügen – wie eingangs erwähnt – ohnehin weder die Seiten dieses Buches noch ein kurzer Besuch der Stadt, hat doch mancher Einwohner während seines Hierseins noch nicht alles umfassend kennengelernt, aber es ist eine lohnende Aufgabe und ein Vergnügen, sich diese Stadt nach und nach zu erschließen. Unser aller Verpflichtung ist es, die Denkmale einer jahrhundertealten Kultur zu erhalten und zu pflegen.

Hohenhaus, Heimstatt der Puppentheater-sammlung

Radebeuler Wappen auf dem Umweltstein an der Sternwarte

Schloß Wackerbarth, Sitz des Sächsischen Staatsweingutes

Lößnitzbad, idyllisches Freibad und Anglergewässer

„Die Sterngucker" an der Volkssternwarte auf den Ebenbergen
Folgende Seite: Lusthaus Belvedere im Park von Schloß Wackerbarth

Friedensburg, Höhengaststätte mit Fernsicht

Altfriedstein, ehemaliger Herrensitz in Niederlößnitz

Blick von der Friedensburg auf Niederlößnitz und Kötzschenbroda

Minckwitzscher Weinberg

Eckhäuser an der Kreuzung Meißner/Moritzburger Straße

Radebeul und der Weinbau

Die Symbole der „Sächsischen Weinstraße“, die neuerdings auch die Meißner Straße schmücken, tragen der Tatsache Rechnung, daß der Weinbau seit alters her das wirtschaftliche und kulturelle Leben der Lößnitzstadt deutlich bestimmt. Nicht zuletzt wird das im Wappen der Stadt dargestellt, wo die Weintraube an die überlieferten Ortssiegel von Kötzschenbroda, Serkowitz und Oberlößnitz anknüpft. In den Gaststättennamen, den Weinstuben und -handlungen, den Straßenbezeichnungen und Gebäuden kehrt der Wein und der Beruf des Winzers immer wieder. Selbst ein Haltepunkt der Eisenbahn trägt den Namen „Radebeul-Weintraube“. Die zweitälteste Sektkellerei in Deutschland mit dem klangvollen Namen „Bussard“, das Sächsische Staatsweingut „Schloß Wacherbarth“, das Weinbaumuseum „Hoflößnitz“ und die zahlreichen privaten Winzer setzen dabei eine jahrhundertlange wechselvolle Tradition fort. So erhielten schon die Reformatoren Luther und Melanchthon im 16. Jahrhundert als Ehrengeschenke des Torgauer Bürgermeisters und des Stadtrates von Dresden einige Kannen oder sogar ein Faß „Kötzschberger Wein“. Der Name ist abgeleitet vom ehemaligen Namen des Weinbaugebietes „Kötzschberger (Kötzschenbrodaer) Weingebirge“, den dieses Zentrum des sächsischen Weinbaus früher trug. Dabei ist zu berichten, daß der Weinbau früher nicht nur auf den Hanglagen betrieben wurde, die jetzt zur Verfügung stehen, sondern auf den davor liegenden Heidesandterrassen bis zur Meißner Straße und zum Teil sogar auf den Feldern hinunter bis zur Kötitzer und Kötzschenbrodaer Straße. Die besten Sorten wuchsen natürlich auf den Hängen, die meist im bischöflichen und herrschaftlichen Besitz blieben, teilweise als Lehen vergeben wurden. Den Bauern der Dörfer blieben die weniger ertragreichen Flächen. Es war ständig ein Kampf ums wirtschaftliche Überleben, den die Bauern und Winzer führten, weil vor allem das Wetter unserer Gegend oft ganze Jahresernten verdarb. Demgegenüber ist der Dauerstreit, den verschiede-

nen Publikationen führen, ob unser Gebiet oder das Freyburger Unstrutgebiet das nördlichste in Deutschland ist, ziemlich bedeutungslos. Im 16. Jahrhundert hatte Kurfürst August, auch „Vater August“ genannt, den sächsischen Weinbau sehr gefördert. Auf ihn geht auch die Errichtung der Ratskeller zurück. Er hatte angeordnet, daß die Städte unter ihren Rathäusern Trinkgemächer einzurichten hätten, und räumte diesen Schankstätten das Recht ein, kurfürstlichen Wein auszuschenken. Trotz der in manchem Jahr nicht ausreichenden Sonnentage nahm der Weinbau im 17. Jahrhundert einen solchen Umfang an, daß Johann Georg III. 1684 das Anlegen vom Weingärten auf Boden, der für den Getreideanbau tauglich war, schlichtweg verbot („Wo der Pflug kann gehn, soll kein Weinstock stehn“). Trotz mancher Rückschläge hielten aber die Bauern lange am Weinbau fest, obwohl ihr Wein keine Konkurrenz zu dem der

Herrenberge sein konnte. Das hing auch damit zusammen, daß jeder Weinbauer das Recht hatte, eigenen Wein zu „vergläsern“, das heißt auszuschenken, auch an auswärtige Gäste. Diesen kleinen Nebenverdienst nahmen die Bauern gern mit, argwöhnisch beobachtetet von den Gasthofbesitzern, die dieses Recht nicht gern sahen, das aber 1863 von der königlichen Kreisdirektion ausdrücklich bestätigt wurde. Dennoch kam der Weinbau auf den Feldern und Flachhängen nach und nach zum Erliegen, blieb auf den sonnigen Südhängen erhalten. Als im Jahre 1840 das berühmte Winzerfest stattfand, dessen Winzerzug von dem Maler Moritz Rentzsch dargestellt wurde, ahnte noch niemand, daß wenige Jahrzehnte später die Reblaus den Weinbau in der Lößnitz fast völlig vernichtete. 1886 begann der ungleiche Kampf mit Rodung und chemischen Mitteln, der 1907 fast verloren gegeben wurde, als die Reichsregie-

rung das sächsische Weinbaugebiet für unheilbar verseucht erklärte, die Untersuchungen und Bekämpfungsmaßnahmen und die Entschädigungen der Winzer einstellte. Die Hänge waren zum großen Teil verödet, die Winzer mutlos, da erst nach einer mehrjährigen Quarantäne neuer Wein angepflanzt werden durfte. Erdbeerplantagen und Obstkulturen ersetzten zum Teil die Weinhänge, das Landschaftsbild war verdorben. Bereits vor dem ersten Weltkrieg setzte aber eine Bewegung ein, die mit neuem Enthusiasmus unter Anwendung neuer Methoden und widerstandsfähiger Rebsorten die Aufrebung der Lößnitz in Angriff nahm. Der aus dem Rheinland gekommene Landwirtschaftsrat Pfeiffer brachte seine Erfahrung in die neuen Anlagen des sächsischen Weinbaus ein. Im Jahre 1913 wurde eine „Vereinigung zur Förderung des Weinbaues der Lößnitz und Umgebung“ mit anfangs dreizehn Mitgliedern gegründet, eine

Zahl, die abergläubische Gemüter gleich wieder zum Aufgeben bewogen hätte. Unter dem Vorsitz von Weinbergbesitzer Max Böhme nahm die Vereinigung sehr tatkräftig an der Aufklärung der Winzer, der Neuanpflanzung von Weinbergen und der Errichtung einer Rebenveredlungsstation teil, wobei auch die wieder einsetzende staatliche Förderung genutzt wurde. Unter Verwendung amerikanischen Rebenholzes wurden in Veredlungsstationen wieder die traditionellen Weinsorten Müller-Thurgau, Traminer, Weißburgunder und Ruländer gezogen, die auch jetzt auf den hießigen Hängen dominieren. Der Weinbau nahm nun wieder einen solchen Aufschwung, daß bereits 1924 ein großes Winzerfest in der Lößnitz gefeiert wurde, das an alte Traditionen anknüpfte. So gelang es das für Radebeul typische Landschaftsbild wiederherzustellen und es ist erfreulich, daß sich diese Entwicklung in neuerer Zeit fortsetzte, neue

Weinanbauflächen entstanden. Vorrangig fördern das die beiden oben genannten Betriebe. Die Sektkellerei „Bussard“ nahm die seit 1836 hier bestehende Produktion der Flaschengärung im Handrütelverfahren wieder auf, die nach der Zwangsehe mit dem „volkseigenen“ Weingut aufgegeben werden mußte. Dieses war 1950 aus dem Staats- und dem Stadtweingut gebildet worden. Eine 1969 neuerbaute Großraumgäranlage nahm hier die fast vollautomatische Herstellung von Sekt aus importierten Weinen auf, die immerhin jährlich 4–5 Millionen Flaschen Sekt herstellte. Nach der Umbildung zum Sächsischen Staatsweingut orientieren sich hier die Markennamen wieder an historischen Persönlichkeiten der sächsischen Geschichte. Das Weinbaumuseum „Hoflößnitz“ widmet sich nicht nur der musealen Darstellung des Weinbaus, ein eigener Weinberg und die „Schoppenstube“ sind Beleg für eine sinnvolle Kombination von Theorie und Praxis. Darüber begrüßt das ehemalige Weinberghaus der Gräfin Cosel, das Spitzhaus, stellvertretend für die zahlreichen Winzer- und Weinberghäuser schon von weitem Radebeuls Gäste, denen sich bei Wanderungen durch den gesamten Ort von Ost nach West ihre Schönheit und Vielfalt erschließt. Im Radebeuler Festkalender haben auch die Weinfeste wieder Fuß gefaßt, traditionelle Weingaststätten öffnen wieder, neue versuchen die entstandenen Lücken zu schließen. Die Schilder verbinden Radebeul nicht nur mit der Sächsischen Weinstraße, nein, unsere Stadt ist eine Perle dieser Kulturlandschaft!

Rundgang Kötzschenbroda/Fürstenhain

„Fährt denn kein Zug nach Kötzschenbroda", so klang es in einem Schlager der 20er Jahre, der von Udo Lindenberg modernisiert verwendet wurde. Er bezog sich auf den Bahnhof Kötzschenbroda, der jetzt Radebeul-West heißt, an dem wir unseren Rundgang durch den alten Ortsteil beginnen. Er wurde 1894 nach einjähriger Bauzeit eingeweiht.Das alte Bahnhofsgebäude lag auf der anderen Seite der Gleise.Damit wurde auch die Streckenveränderung abgeschlossen, lag doch früher die Bahn in einer Ebene mit der Straße. Wir wenden uns in südlicher Richtung die Bahnhofstraße entlang, überqueren die Hermann-Ilgen-Straße (benannt nach dem verdienstvollen Apotheker) und gelangen bald an den früheren Ortskern, der jetzt Altkötzschenbroda genannt wird, früher die Hauptstraße und der Markt war. In Anlehnung an alte Traditionen wird hier mittwochs und sonnabends wieder Markt gehalten. Wir gehen nach rechts weiter gegenüber befindet sich mit „Großes Weinstuben" eine der letzten ortstypischen Gaststätten dieser Gegend, in der man früher nur wenige Schritte bis zur nächsten Gaststätte gehen mußte. Am „Bürgergarten" halten wir uns links, gehen die Uferstraße entlang bis zur Dampfschiffanlegestelle. Seit 1837 ist sie in Betrieb, war damals die einzige Haltestelle der „Weißen Flotte" zwischen Dresden und Meißen für den historischen Personendampfer „Königin Maria". Von einer kleinen Terrasse mit Bänken aus hat man eine recht gute Aussicht auf die andere Elbseite, von der Cossebaude und Niederwartha/Oberwartha grüßen. Markant sind die Türme am oberen Stausee des Pumpspeicherwerks, die nachts zur Flugsicherung beleuchtet sind. Auch der Kirchturm von Weißtropp ist zu erkennen, darunter erblicken wir die Eisenbahnbrücke Naundorf-Niederwartha, die für Fußgänger und Zweiradfahrzeuge benutzbar ist. Wir wenden uns die Uferstraße ein kurzes Stück zurück, haben dann rechts bald den Festplatz vor uns, der bei Volksfesten den Schaustellern zur Verfügung steht. In der Höhe des Bootshauses hat früher einmal die alte Schiffsmühle auf der Elbe gelegen. Die Sporthalle, an der wir vorübergehen, hatte 1908 ihre Vorgängerin in einer aus Holz gebauten prachtvollen Festhalle für das große Sängerfest des Sächsischen Elbgaubundes. Der Festplatz hatte früher den Namen „Hornwiese" und wurde vor allem von der Schützengesellschaft für das Vogelschießen und andere Veranstaltungen genutzt.

Dieser Verein erwarb die Festhalle, die nun „Schützenhalle“ wurde. 1928 ist sie durch den jetzt noch stehenden Neubau ersetzt worden. Wenn wir dahinter nach rechts gehen, stehen wir bald auf einem kleinen Rastplatz mit Bänken, in dessen Nähe einst eine Windmühle stand. Sie wurde 1810 zusätzlich zu der schon erwähnten Schiffsmühle erbaut, die eine rechte Unglücksmühle war. Die Chroniken berichten von Bränden, Unfällen und Verwüstungen in großer Anzahl. Aber auch die Windmühle bestand nicht lange. Hier bietet sich

Friedenskirche mit Oberschänke

wieder ein schöner Blick über die Elbe nach Cossebaude und Gohlis. Zurückgekehrt nach Altkötzschenbroda, ist das alte Gebäude rechts unschwer als Gasthof zu verkennen. Als „Niederschänke" oder „Goldener Anker" erlebte er große Zeiten. Nun wartet er auf seine Erneuerung. Dem alten Dorfkern folgen wir nun nach rechts. Die Gebäude zu beiden Seiten, im Volksmund früher Sommer- und Winterseite genannt, sind überwiegend recht betagt, einige moderne Häuser und durch Abrisse entstandene Lücken beeinträchtigen etwas den geschlossenen Eindruck, den eine Sanierung wiederherstellen soll. Am Ende der Reihe befindet sich am ehemaligen Markt die Friedenskirche mit ihrem Pfarrhof. Die jetzige Gestalt des Sakralbaues stammt aus dem Jahre 1885, seine erste Erwähnung geht auf das Jahr 1273 zurück. Bekannt wurde das Pfarrhaus durch den „Waffenstillstand von Kötzschenbroda" aus dem Jahre 1645, der für Sachsen den 30jährigen Krieg beendete. Wir behalten die Richtung bei, gehen am Gebäude der ehemaligen Oberschänke vorbei und biegen von der Neuen Straße gleich in den Auenweg ein und erreichen über die Fürstenhainer Straße die Kötzschenbrodaer Straße, der wir nach rechts ein Stück folgen. Hier befand sich früher der Ort Fürstenhain, der aus einem ehemaligen fürstlichen Vorwerk entstanden, zeitig an Kötzschenbroda angeschlossen wurde. Links die Mauern des Friedhofs, den wir nach Erreichen des Tores überqueren können. Wer sich Zeit nimmt, kann hier auch einige Grabmale berühmter Persönlichkeiten entdecken. Am gegenüberliegenden Tor halten wir uns nach links auf der Straße „Am Gottesacker", die an der Bildhauerwerkstatt Bollenbach vorbei wieder in die Kötzschenbrodaer Straße mündet. Einige interessante Steinmetzarbeiten sind dort immer anzuschauen. Übersehen wir nicht das kleine Gäßchen, das uns nach rechts führt. Unter der Bahn hindurch folgen wir der Neuen Straße bis zur Meißner Straße. Das rechte Eckgrundstück hinter Bäumen beherbergt die historische Villa „Berliner Haus" in einem schönen Park, der früher bis hinunter zur Eisenbahn reichte. Der alte Herrnsdorf, ein hoher Regierungsbeamter soll vor der Jahrhundertwende in Dresden angerufen haben, wenn er die Eisenbahn benutzen wollte. Diese hielt dann extra für ihn am Ende seines Grundstücks. Gegenüber lädt die historische Gaststätte „Zur Börse" zum Verweilen ein, in der warmen Jahreszeit ist der Gästegarten besonders zu empfehlen. Der rastlose Verkehr soll uns nicht abhalten, nach links ein Stück die Meißner Straße zu benutzen, damit wir an den Ausgangspunkt unseres Rundgangs zurückkehren können. Villen mit ansprechender Architektur zu beiden Seiten der Straße, zumeist nach der Jahrhundertwende erbaut, künden vom Wohlstand und vom guten Geschmack ihrer Besitzer, wobei das Eckgrundstück am Ledenweg ein besonderes Schmuckstück, die im Volksmund 'Hofmannsche Villa' enthält, die eine zeitlang als Jugendklubhaus genutzt wurde. Wenige Schritte weiter bildet das modern-markante Bauwerk des „Lößnitztank" dazu einen ansprechenden Kontrast, das uns indes nicht den Blick auf die Friedensburg verwehrt, die darüber zu erblicken ist, uns zu einem weiteren Ausflug einlädt. Wir befinden uns bald an der Kreuzung mit der Moritzburger Straße, die von vier auffälligen Eckgrundstücken beherrscht wird, dahinter ist links das große Postgebäude, das 1917 in Betrieb genommen wurde. Unser Rundgang ist beendet, wenn wir von der Kreuzung nach links gehen und unter der Eisenbahnbrücke hindurch wieder den an den Ausgangspunkt zurückkehren.

Rundgang Naundorf

Unseren Rundgang beginnen wir an der Gleisschleife der Straßenbahn in Radebeul-West, denn bis hierher reichte früher die Flur Naundorf, des ältesten Lößnitzdorfes, das wir nun kennenlernen. Das Autohaus Christen, das als erstes auffällt, wurde auf dem Gelände der ehemaligen „Kaiserbrauerei“ errichtet, die einst vergeblich versuchte, in die Phalanx der renomierten Bierhersteller einzudringen. Ein kurzer Promennadenfußweg führt am Park des Schlosses Wackerbarth vorbei, das vom Landbaumeister August des Starken, Christoph Knöffel, für seinen Kabinettskollegen Reichsgraf A. Ch. v. Wackerbarth als Altersruhesitz erbaut wurde. Nach einer wechselvollen Geschichte ist das Schloß jetzt der Sitz

Wackerbarths Ruhe mit Jacobstein

des Sächsischen Staatsweingutes. Die Anlagen neben dem schönen Bau dienen der Sektherstellung. Darüber in den Weinbergen ist der turmähnliche Jacobstein zu sehen, den der angesehene Hofböttgermeister Jacob Krause 1743 errichtet als 'Lusthaus' errichten ließ, nachdem er einen riesigen Weinbergsbesitz zusammengekauft hatte. Den Grundstein für den Besitz erwarb er kurz vor dessen Tode vom Grafen Wackerbarth. Die Figur auf der Spitze stellt wahrscheinlich Bacchus dar, den lateinischen Gott des Weinbaues, der einen Thyrsosstab mit einem Pinienzapfen am Stabende in der Hand hält. Aber auch als Jacob, Schutzheiliger des Weinbaus, wird die Figur gedeutet. Auf der Höhe darüber erblicken wir die Sternwarte auf den Ebenbergen, die über eine andere Route (Stadtrundgang Niederlößnitz) zu erreichen ist. Wir wenden uns an der nächsten Kreuzung links in die Johannisbergstraße, die ihren Namen nach dem gleichnamigen Weinberg erhielt, der am gegenüberliegenden Hang liegt. Die Straße führt unter der Eisenbahn hindurch nach rechts zum Anfang des alten Dorfkerns. Das Haus mit dem Laden an der Straßengabelung mit der Coswiger Straße war einst der Ratskeller des Dorfs. Ein kleiner Abstecher nach rechts bis zum nächsten kleinen Wohnhaus ist interessant, weil dort eine Steinmarke in Augenhöhe an das Hochwasser von 1845 erinnert, das den ganzen Ort überschwemmt hatte. Wir wenden uns nun zurück und genießen beim Weitergehen die schöne Geschlossenheit der denkmalgeschützten Dorfanlage. Die Gebäude sind fast alle gleich alt, wurden sie doch auf den alten Grundmauern nach dem Dorfbrand im Jahre 1822 errichtet, dem sie zum Opfer fielen. Nur das am Dorfteich in der Mitte stehende ehemalige Schulhaus verschonten die Flammen. Die Gehöfte erinnern noch an die bäuerliche Vergangenheit, die jetzt in geringem Maße aufrechterhalten geblieben ist. Bänke am Teich ermöglichen eine kleine Rast. Eine Einkehrmöglichkeit finden wir im Verlauf unserer Wanderung erst, wenn wir am Ende von Altnaundorf den ehemaligen Gasthof umschreiten und nach rechts über die Bahnlinie in Richtung Coswig laufen. Das Industriegebiet, durch das wir jetzt kommen, wird beherrscht von den Gebäudekomplexen des Druckmaschinenwerkes PLANETA und des Thyssen-Stahlhandels und erreichen jetzt die Siedlung, die in den dreißiger Jahren dieses Jahrhunderts zunächst für Arbeiter

Schule Naundorf von der Kötitzer Straße

und Angestellte des inzwischen aufgelösten Zellstoffwerkes in Coswig errichtet wurde. Dem schloß sich eine gemeinnützige Wohnbaugenossenschaft an. Es gibt dort noch Einwohner, die dort in den Neubau eingezogen sind und seitdem dort wohnen. Eine originelle kleine gastliche Einrichtung lädt zum Imbiß ein. Danach wenden wir uns vor der Ortsgrenze zu Coswig nach links und erreichen die Elbe, an der wir stromaufwärts bis zur Brücke nach Niederwartha laufen können, einen Wiesenweg entlang. Sollte dieser Weg versperrt sein, müssen wir einen kleinen Umweg über die Felder in Kauf nehmen. Die alte Stahlträger-Bogen-Brücke, 1945 zerstört und notdürftig repariert, wurde 1983 durch den jetzigen Neubau ersetzt, der allerdings kurzsichtig die ehemalige Straßenverbindung zum anderen Ufer nicht wiederherstellte. Gegenüber sehen wir die Anlage des Pumpspeicherwerks Niederwartha, eines noch im Betrieb stehenden technischen Denkmals. Wir verlassen die Elbe wieder in Richtung Naundorf bis zur Fabrikstraße, in die wir nach rechts einbiegen. Das Lößnitzbad, das wir bald erreichen, wurde

1951 durch Ausbau einer alten Kiesgrube errichtet, die mit ihren oberen Schichten früher einmal den Lehm für eine naheliegende Ziegelei, lieferte, an die jetzt nur noch ein Straßenname erinnert. Das Bad ist zu allen Jahreszeiten Ziel der Sommer- und Winterschwimmer sowie der Angler. Danach folgen wir nach links dem Ziegeleiweg, lassen dann, wenn wir der Kötitzer Straße nach rechts folgen, die Blicke zu den Weinhängen schweifen, verlassen die Naundorfer Flur, wenn wir den Sportplatz passiert haben. Die Straße führt nun weiter zum Bahnhof Radebeul-West, wo wir auch die Straßenbahn wieder erreichen.

Rundgang Zitzschewig

Wenn wir an der Johannisbergstraße von der Straßenbahn aus Richtung Dresden kommen, erblicken wir rechts die 1908 erbaute Johanneskapelle, durch welche die Ortsteile Naundorf und Zitzschewig eine eigene Gottesdienststätte innerhalb der Parochie Kötzschenbroda erhielten. Auch ein neuer Friedhof entstand hier als Nachfolger eines ehemaligen Pestfriedhofs in der Naundorfer Flur. Ein kleiner Rundgang darauf vermittelt eine typisch dörfliche Anlage. Wir folgen dem Bischofsweg nach links, der am Anfang und am Ende sehenswerte denkmalgeschützte Weinhäuser besitzt. Das 'Bischofspresse' genannte Gebäude gegenüber der Kapelle ist das älteste nachweisbare Gebäude der Lößnitz, gehörte als Weingut schon 1373 dem Meißner Bischof. Am Haus Nr. 30, fast am Ende des Weges, befindet sich eine Hochwassermarke die an das Hochwasser der Elbe aus dem Jahre 1845 erinnert. An der Straßenbahnhaltestelle halten wir uns links, gehen die Gerhart-Hauptmann-Straße ein Stück hinunter und können wieder links durch ein kleines Gäßchen den Dorfkern Altzitzschewig erreichen. Er erinnert daran, daß hier aus einer ehemaligen slawischen Siedlung am Fuße der Weinberge ein Rundplatzdorf entstand, dessen Häuser giebelseitig zum Platz stehen. Hier kann man sich dörfliches Treiben in der Vergangenheit auf engstem Raum vorstellen. Nach einem kleinen Rundgang gehen wir zur Meißner Straße, die wir bis zum Dorfausgang verfolgen, rechtsden ehemaligen Gasthof (1471 erstmals erwähnt) und links die verblaßte Schrift der einst renomierten Weinhandlung Berge registrieren. Nach dem letzten Haus schwenken wir in den Hausbergweg ein, erblicken links die Eisenbahnstrecke Dresden-Berlin, die sich über die Straße nach Coswig erhebt. Nach kurzer Zeit können wir die mittlere Bergstraße überqueren, folgen dem Hausbergweg weiter, der direkt in den Rietzschkegrund mündet. Rechts und links befinden sich die Herrenweinbergssitze Paulsberg und Kynast. Der Rietzschkegrund war bereits im 17. Jahrhundert spärlich besiedelt, allerdings verfielen die Häuser wieder. Um 1830 begann dann die Neubesiedlung, die hier einen freundlichen Ortsteil im Bachgrund geschaffen hat. Vor dem ehemaligen Gasthof am oberen Ende biegen wir nach rechts in den Langenbergweg ein, erreichen auf waldigen Wegen bald die ausgedehnten Anlagen des Pflegeheims „Lößnitzhöhe", die eine bewegte Vergangenheit haben. Als

Das Hohenhaus vor 1880
(nach der Abbildung auf einer Ofenkachel im Hause)

„Schloß Wettinhöhe“ auf der früher ‘Landeskrone‘ genannten Anhöhe errichtet, wurde aus der ehemaligen „Schankstätte Wackwitz“ ein auffälliges Restaurant, das vor allem durch seine herrliche Aussicht bestach, aber der Konkurrenz der „Friedensburg“ nicht gewachsen war. Nach einem Brand wurde die Gaststätte schon vor der Jahrhundertwende aufgegeben, die Ortskrankenkasse Dresden als neuer Besitzer errichtete dort ein großes Genesungsheim, die medizinische Nutzung blieb seitdem in verschiedener Form erhalten. Die bequeme Treppe zum Fuß des Berges ist verfallen.

Wir wenden uns daher bergwärts in die Barkengasse, erreichen mit dem Hohenhaus einen der schönsten Herrensitze der Lößnitz. Anfänglich ein meißnisch-bischöflicher Besitz erwarb es später der Kabinettsminister August des Starken, Heinrich von Flemming, und in jüngerer Zeit der Berliner Bankier Thienemann, der den Grundstein für die heutige Gestalt und für die schöne Parkanlage legte. Bekannt wurde dessen Familie auch dadurch daß drei Töchter (er hatte insgesamt fünf) die drei Gebrüder Hauptmann heirateten, von denen Gerhart Hauptmann der bekannteste war, der es in seinen Lebenserinnerungen auch das „Nest der Paradiesvögel“ nannte. Der nachfolgende Besitzer, Walter Stecher, ließ die bauliche Veränderungen zum heutigen Aussehen abschließen. Dank der Nutzung als Puppentheatersammlung seit 1960 wurde die Erhaltung des Gebäudes denkmalbewußt gesichert. Erst seit 1985 ist die Sammlung, die auch international eine hohe Wertschätzung genießt, der Öffentlichkeit zugänglich, erfreut sich seitdem trotz der Abgelegenheit eines regen Zuspruchs.

Am Park entlang gehen wir nun abwärts und erreichen wieder die Mittlere Bergstraße, erblicken unten noch einmal die Johanneskapelle. Der Straße folgen wir nach links zur Johannisbergstraße, überqueren diese und erreichen bald den Eingang zum Sächsischen Staatsweingut „Schloß Wackerbarth“, auch ‘Wackerbarths Ruhe‘ genannt. Die Tafel an der Pforte informiert über den Verlauf der „Sächsischen Weinstraße“. Ein kleiner Abstecher zu den von einem schönen Park umgebenen Gebäuden lohnt sich. Das Lusthaus Belvedere, am Weinberg gelegen, vom Jacobstein überragt, trägt eine Inschrift, die der letzte Besitzer aus dem Geschlecht Wackerbarth dort anbringen ließ, ein wenig zum Wahlspruch der Familie geworden: „Menschengeschlechter ziehen vorbei, wie die Schatten an der Sonne“. Nach einem kurzen Gang zur Meißner Straße haben wir wieder die Möglichkeit mit der Straßenbahn zurückzukehren.

J. L. A. v. Wackerbarth
(a. d. Familienarchiv v. Wackerbarth, München)

Höhenwege von Niederlößnitz

An einem guten Tag mit guter Fernsicht empfiehlt sich besonders der Weg entlang der Höhen von Niederlößnitz. Wir beginnen an der Straßenbahnhaltestelle Johannisbergstraße und wenden uns sogleich diese entlang nach oben. Rechts liegt „Wackerbarths Ruhe", links der Weinberg, welcher der Straße den Namen gab, gekrönt von der „Lößnitzhöhe", jetzt ein Pflegeheim. Nun führt kurz nach der Gabelung rechts ein Fußweg steil nach oben. Die Mühe des Aufstiegs lohnt sich, denn wir erreichen die Volkssternwarte, neben der ein Aussichtsplateau einen herrlichen Blick auf die westliche Stadt und die Elbhöhen gegenüber bietet. Zu Füßen liegt jetzt Schloss Wackerbarth, selbst auf den Jacobstein blicken wir herab. Die Elbhöhen werden vom Weißtropper Kirchturm und von den Türmen des Pumpspeicherwerks Niederwartha gekrönt. Nach links schweift das Auge elbaufwärts in Richtung Dresden, im Vordergrund liegt Kötzschenbroda. Beide Plastiken neben der Sternwarte wurden von Radebeuler Bildhauern geschaffen, die „Sterngucker" von Prof. Howard, der Würfel mit dem Umweltschutzsymbol vom Meister Bollenbach,dessen Spezialität auch Sonnenuhren aus Stein sind. Die Sternwarte wurde 1959 eingeweiht, wofür sich besonders der langjährige verdienstvolle Leiter, Rüdiger Kollar, eingesetzt hatte. Mit einem modernen Planetarium ausgerüstet, ist sie eine gern besuchte Bildungsstätte für jung und alt. Auf den Ebenbergen entlang führt uns die Straße zu einem Abzweig nach rechts, wir stehen am Berghaus des Neufriedstein, dem sogenannten „Mätressenschlößchen", Ende des 18. Jahrhunderts erbaut. Wir gehen hinunter am Mohrenhaus links vorbei zur Moritzburger Straße. Das in neugotischen Stil errichtete Gebäude hatte unter seinem Besitzer Ludwig Pilgrim oft die Romantiker Ludwig Tieck, Jean Paul, Robert Reinick und Carl Maria von Weber zu Gast. Ganz nach rechts blickend sehen wir den Altfriedstein, ebenfalls ein Herrensitz im zeitweiligen Besitz von Ludwig Pilgrim, lange als Feierabendheim

Mätressenschlößchen

genutzt. Wir bleiben auf der Moritzburger Straße, auf der gegenüber die zweitälteste Sektkellerei Deutschlands unter dem Namen „Bussard" zu erkennen ist. Gegründet wurde sie unter dem Namen „Fabrik moussierender Weine" im Jahre 1836. Auch hier war Ludwig Pilgrim beteiligt. Nach Überqueren der Straße halten wir uns kurz nach links bis wir den Waldpark erreichen, den wir rechts die Treppe hinuntergehend betreten. Nach kurzer Zeit erreichen wir den Weg „Turmleite", dem wir nach rechts folgen und bald den Wasserturm erreichen, vor dem ein Aussichtsplateau einen schönen Blick über die Stadt bietet. Links sehen wir schon das Berggasthaus Friedensburg, das seit 1871 den Gießmannschen Weinberg krönt, ein Wahrzeichen der Stadt geworden ist. Die schönen Aussichten setzen sich von der Terrasse des Gasthauses fort. Wenn wir ein

Minckwitzsches Lusthaus

Stück zurückgehen, kommen wir zum Höhenweg, dem wir nach Osten folgen. Mauern und Häuser verwehren hier etwas den Blick ins Tal, aber der schattige Weg gibt die Möglichkeit geruhsam weiterzuschlendern.

Mit der „Sängerhöhe“ und dem „Paradies“ erreichen wir zwei einst beliebte Ausflugslokale, die wegen ihrer Aussicht und Gastlichkeit sehr beliebt waren. Jägerstraße, Jägerhofstraße und Jagdweg in unmittelbarer Nähe erinnern daran, daß nicht nur im benachbarten Moritzburg mit seinem Jagdschloß die Jagd Tradition hatte. Wir gehen den „Jägerhofberg“, wie der Volksmund das steile Stück der Jägerhofstraße nennt, hinunter und haben dabei einen schönen Blick auf den östlichen Stadtteil bis nach Dresden. Das Haus Nr. 15 steht als ehemaliges Lusthaus aus dem 18. Jahrhundert unter Denkmalschutz. Links ist der Jägerhof, am Weg zum Lößnitzgrund früher ebenfalls beliebte Gaststätte.

Wir können jetzt der Paradiesstraße gegenüber hinabfolgen, erreichen am historischen Grundhof an der Lößnitzgrundstraße vorbei am „Weißen Roß“ oder an der „Goldenen Weintraube“ wieder die Straßenbahn. Wer gern noch weitergehen will, wendet sich am Ende des Jägerhofberges nach rechts die Obere Bergstraße entlang, hat so die Möglichkeit, das terassenförmig angelegte Niederlößnitz unterhalb der Weinbergshänge kennenzulernen. Links fällt sofort ein markantes Gebäude mit Turm auf, das jetzt kirchlichen Einrichtungen dient. Gebaut wurde es als Sanatorium um die Jahrhundertwende, trug damals den klangvollen Namen „Schloß Niederlößnitz“. Zuletzt hatte es den Namen „Amalie-Sieveking-Haus“, beherbergte eine Ausbildunsstätte für Kirchgemeindehelferinnen. Wenn dann links der Blick wieder frei ist zu einer Aussicht über die Stadt, haben wir bald den aus dem Anfang des 18. Jahrhundert stammenden Herrensitz des ehemaligen Sächsischen Kammerherrn von Minckwitz erreicht, der rechts am Fuße des gleichnamigen Weinberg errichtet wurde. Den Gipfel krönt ein weithin sichtbares Lusthaus. Da wir in Radebeul eine Reihe von Lusthäusern besitzen, sei hier der Hinweis gestattet, daß es sich hier nicht um Freudenhäuser im jetzt gebräuchlichen Sinne handelt, sondern um Stätten, die eine „Belustigung“ von Gastgebern und Gästen im Sinne von Geselligkeit und Unterhaltung ermöglichten. Daß auch einmal

Gastgeber und Gast nur zu zweit waren, ist natürlich nicht ganz auszuschließen. Aber dazu hätte es nicht so aufwendiger Bauten bedurft. Wir folgen der Straße weiter, vorbei am denkmalgeschützten Haus Reinhardtsberg (Nr. 44). Die schräg nach unten abzweigende Horst-Vieth-Straße war früher eine Viehtreibe. Weitergehend kommen wir zur Ecke Burgstraße, wo der Weg steil zur Friedensburg führt, die wir oben erblicken, rechts das große Gebäude war früher das Bad-Hotel am Fuße des schon erwähnten Gießmannschen Weinbergs anstelle eines Weinguts aus dem Anfang des 18. Jahrhunderts errichtet. Wir gehen nun die Karlstraße hinab bis zur Kreuzung mit der Moritzburger Straße, wo gegenüber der traditionsreiche Gasthof „Heiterer Blick" steht. Wer immer noch weiter wandern möchte, kann jetzt der Winzerstraße wieder auf einer unteren Stufe der Niederlößnitz nach Osten folgen, erreicht wieder Paradiesstraße und „Weißes Roß" bzw. „Goldene Weintraube". Wer die Wanderung beenden will, sollte dennoch nicht sofort die Moritzburger Straße hinunter zum Bahnhof oder zur Straßenbahn gehen, sondern wenigstens noch am „Heiteren Blick" vorbei der engen Winzerstraße folgen, links steht dann das Haus Lotter, eins der ältesten Gebäude an dieser Straße aus dem 17. Jahrhundert, das von seinem neuen Besitzer tatkräftig restauriert wurde. An der nächsten Kreuzung halten wir uns links, erreichen entlang der Wilhelm-Busch-Straße die Meißner Straße, befinden uns nun im Geschäftszentrum von Kötzschenbroda (Radebeul-West). Gastronomie und Nahverkehr stehen zur Verfügung.

Rundgang Radebeul

Das Dorf Radebeul, das der späteren Stadt seinen Namen gab, ist mit dem Jahr 1349 verhältnismäßig spät in die Überlieferung eingetreten. Wir beginnen einen Rundgang an der modernsten Stelle, der Haltestelle „Vier Jahreszeiten“ (Hauptstraße). Gegenüber dem historischen Gasthof, der hierfür den Namen gab und den Besucher gastlich empfängt, steht mit dem Bürohochhaus einer der wenigen architektonischen Mißgriffe der jüngsten Vergangenheit in dieser Stadt. Ein alter Bauernhof, der sich bis in die siebziger Jahre an dieser Stelle befand, mußte der „sozialistischen Moderne“ des damaligen Regimes weichen. Die verkehrsberuhigte Hauptstraße mit ihrer ansprechenden Gestaltung ist von Häusern umsäumt, die in der Mehrzahl in der Gründerzeit am Anfang des Jahrhunderts gebaut, dennoch jedes ein eigenes Gesicht haben. Das vielseitige Angebot macht die Straße zum beliebten Einkaufszentrum im östlichen Stadtteil. Bahnhof (Radebeul-Ost), Postamt und Rathaus liegen links und rechts in unmittelbarer Nähe der Kreuzung, die wir überqueren und dann von der Brücke einen Blick auf die untenliegenden Eisenbahnanlagen werfen. Neben der Normalspur fallen die schmalspurigen Gleise der Bahn Radebeul-Radeburg auf, die hier seit 1884 am Bahnhof ihren Anfang nimmt. Wer sich näher dafür interessiert, kann einen kurzen Abstecher zum Bahnsteig der Bahn machen. Eine Reihe von Wagen aus früherer Zeit werden dort abgestellt, die vom Verein Traditionsbahn aufopferungsvoll gepflegt werden. In der Sommersaison weden regelmäßig die beliebten Fahrten des Traditionszuges nach Moritzburg und Radeburg durchgeführt. Wir setzen unseren Weg fort, erreichen den Robert-Werner-Platz, an dem noch Häuser mit dörflichem Gepräge stehen, nähern uns dort dem alten Dorfzentrum. Der Weg führt links an der Gaststätte „Scharfe Ecke“ vorbei, die als Ersatz für die in diesem Dorf nicht vorhandene Erbschänke gegründet wurde, hier das gastronomische Zentrum ist. Mit einiger Mühe überqueren wir die verkehrsreiche Zufahrtstraße zur Autobahn, folgen der Serkowitzer Straße bis zum Abzweig „Am Kreis“. Nach kurzem Weg, linker Hand, stehen wir bald im ehemaligen Dorfzentrum, das anstelle eines alten sorbischen Weilers entstand. Durch mehrfache Dorfbrände, der letzte war 1813, sind Gebäude aus früherer Zeit nicht übrig geblieben, hat dieser Platz seine geschlossene Bebauung erhalten. Der dörfliche Charakter endet am folgenden Brunnenplatz, den wir nach Rückkehr auf die Serkowitzer Straße erreichen. Wir gehen noch ein Stück dort entlang, biegen dann in die Friedhofstraße ein. Der Friedhof wurde im Zusammenhang mit der 1892 erfolgten Abtrennung der Dörfer Serkowitz, Radebeul und Oberlößnitz von der Kirchgemeinde Dresden-Kaditz errichtet. Bis dahin wurden die Radebeuler dort in Kaditz begraben. Auf ihm befinden sich die Grabmäler von Karl May (Mausoleum), und Emil Högg, der als Professor für Raumkunst an der TU Dresden die Anlage des Friedhofs entwarf. Seinen Namen trägt seit 1991 eine

Grabstätte für Karl May (Mausoleum)

Straße im Stadtteil Oberlößnitz. Wer sich Zeit nimmt, entdeckt bei einem Rundgang über dem Friedhof weitere berühmte Namen: Lorenzo Riese, Opernsänger in Dresden; Karl-Friedrich Beckert, Erfinder der Nähmaschinennadel u. a.). Die Friedhofstraße mündet in die Wasastraße, der wir nach rechts folgen, ein Neubauviertel links liegen lassend. An der Roseggerschule vorbei, unterqueren wir die Eisenbahnlinie Dresden-Leipzig/ Berlin und überschreiten an der Pestalozzistraße die Kleinbahnstrecke, gehen bis zur Meißner Straße, dort nach rechts bis zur Lutherkirche. Sie wurde 1892 im Ergebnis eines Wettbewerbs gebaut, den der Architekt Schilling gewann, der ein beeindruckendes Werk im Stil der Neorenaissance entwarf. Bis 1935 hieß sie übrigens „Kirche zu Radebeul“, was nach der Zusammenlegung mit Kötzschenbroda nicht mehr zutreffend war, deshalb einen neuen Namen erforderte. Nach der Besichtigung erreichen wir über den Kirchplatz hinter der Kirche die Karl-May-Straße, wo sich in der „Villa Shatterhand“ und in dem dahinter liegenden Blockhaus (Villa Bärenfett) das Karl-May-Museum befindet, seit 1928 ein beliebter touristischer Anziehungspunkt Radebeuls.

Die Sammlungen von Karl May und Patty Frank, dem Mitbegründer des Museums bilden den Grundstock für das Museumsgut, überwiegend aus dem Leben der nordamerikanischen Indianer, das seit dem 150. Geburtstag von Karl May im Jahre 1992 in neuer Gestaltung ausgestellt wird. In „Sam's Saloon“ oder im „Blonden Greenhorn“ bieten sich hier Einkehrmöglichkeiten an. Der Hölderlinstraße, Verlängerung der Karl-May-Straße, folgend erreichen wir über die Gellertstraße nach rechts wieder die Hauptstraße, auf der wir mit einem Einkaufsbummel unseren Rundgang beenden können.

Rundgang Serkowitz

Es wird manchen Radebeuler Einwohner erstaunen, daß ein Rundgang durch Serkowitz an der „Weintraube“ beginnt. Wir können an der Straßenbahnhaltestelle aussteigen und am „Cafe Schiller“ die Straße überschreiten und entlang der Robert-Wagner-Straße an der Schwimmhalle vorbei zum Haltepunkt „Radebeul-Weintraube“ gehen, wir können aber auch dort beginnen, wenn wir mit der S-Bahn ankommen. Früher hieß er einmal „Haltepunkt-Serkowitz“, reichte doch die Dorfflur dieses Ortes bis weit über die Grenzen des Dorfes hinaus bis zur Meißner Straße und darüber. Dadurch, daß Serkowitz schon 1905 zur Gemeinde Radebeul kam, eingemeindet wurde, ist dies kaum noch jemandem bewußt. Die Bahnrestauration wurde vom Besitzer der „Goldenen Weintraube“ gegründet, hieß im Volksmund auch die „kleine Weintraube“. Bis hierhin etwa führte die erste Teilstrecke der Eisenbahnlinie Dresden-Leipzig die 1838 feierlich eröffnet wurde.

Hinter dem Bahnhof führt der Weg zu einer freundlichen Kleingartensparte mit Gartenlokal, die besonders in der sommerlichen Jahreshälfte einen Besuch lohnt. Auf der anderen Seite grenzt die Gartenanlage an die Kötzschenbrodaer Straße, die im Mittelalter bis zum 18. Jahrhundert Teil der Hauptverbindungsstraße zwischen Meißen und Dresden war. Häufige Überschwemmungen führten dann zur Verlegung der Hauptstraße zur Meißner Straße.

Wenn wir der Straße nach links folgen, erblicken wir rechts die mit Weiden bestandenen Elbauenwiesen und links in dem Gewerbegelände erinnert ein Gedenkstein daran, daß 1784 zwei Prinzen der königlichen Familie in Gefahr waren, durch die Warnung einer Serkowitzer Bäuerin vor dem Absturz ins Elbehochwasser bewahrt wurden. Dieser Vorfall mag die Entscheidung maßgeblich beeinflußt haben, die Verbindungsstraße nach der jetzigen Meißner Straße zu verlegen, wodurch Serkowitz ein wenig ins Abseits geriet. Ein schattiger Garten und ein freundliches Gasthaus, das „KARAT“, lädt zur Rast ein.

Wir treten nun über die Straßenwelle, die eine Überquerung des Lößnitzbachs darstellt, in das alte Dorf Serkowitz ein, dessen rechts stehender Gasthof, auf eine über 650jährige Geschichte zurückblicken kann, als „Erbschänke“ schon im 14. Jahrhundert erwähnt wurde. Um den Gasthof herum gelangen wir nach Altserko-

Gohliser Windmühle

witz, das hinunter zur Elbe führt, wo an manchen Tagen die Fähre einen Besuch der gegenüberliegenden Gohliser Windmühle ermöglicht. Am Haus Nr. 13 erinnert die Aufschrift „Talmühle" daran, daß hier unten die unterste der sieben Mühlen am Lößnitzbach stand. Gegenständliche Zeugen, die an den Mühlbetrieb erinnern, gibt es hier nicht mehr, wurde dieser doch bereits vor längerer Zeit eingestellt. Als Gaststätte dagegen ist sie älteren Einwohnern noch ein Begriff. Zurückgekehrt zum Gasthof biegen wir gegenüber in die Straße des Friedens ein, die entlang des Lößnitzbachs wieder unter der Eisenbahnstrecke Dresden-Meißen hindurch zur Steinbachstraße führt, in die wir nach links einbiegen. So stehen wir bald am ehemaligen Realgymnasium von Radebeul, das nach einer Zwischenzeit als Institut für Lehrerbildung nun wieder Gymnasium ist. Von hier aus biegen wir scharf nach rechts in die Roseggerstraße ein, die uns zum historischen Gasthof „Weißes Roß" führt, wo wir auf Straßenbahn und Schmalspurbahn treffen. Dieser wurde 1789 erbaut, nachdem sich der damalige Besitzer des Serkowitzer Gasthofs entschloß, der verlegten Straße nach Meißen zu folgen. Am Gasthof vorbei gehen wir den Augustusweg hinan bis zur Nizzastraße, die hier die Grenze zwischen den ehemaligen Lößnitzdörfern Serkowitz und Oberlößnitz bildet. An der Ecke Rosenstraße liegt die beliebte „Rosenschenke", eine Gaststätte, die Mitte des vorigen Jahrhunderts durch einen Keller aus dem „Russen" im benachbarten Oberlößnitz gegründet wurde. Hervorzuheben ist bei schönem Wetter der freundliche Vorgarten im Stil der bayrischen Biergarten mit großen Tischen, wo man sich auch abends im Scheine der Lampen wohlfühlt. Die Rosenstraße hinab erreichen wir wieder die Straßenbahn.

Rundgang Oberlößnitz

An der Straßenbahnhaltestelle Louisenstraße (Gaststätte „Zu den Linden") beginnen wir einen Rundgang, der einige Aufmerksamkeit verlangt, dafür aber zahlreiche Sehenswürdigkeiten bietet. Wir wählen die linke der hier strahlenförmig auseinandergehenden Straßen, gehen bis zur Waldstraße, die rechts abzweigt. Wer schon rasten möchte, kann vorher wenige Schritte nach links abbiegen im „Römer" oder dessen schattigen Garten einkehren. Wir gehen dann ein Stück Richtung Wald, gemeint ist die „Junge Heide", Vorland der Dresdner Heide, die wir hier erblicken, biegen aber davor links in die Wettinstraße ein, bis wir den Augustusweg erreichen, dem wir nach links folgen. Ein Abstecher nach rechts würde uns in das ehemalige Kurhausviertel von Oberlößnitz und zur „Baumwiese" bringen, das wird mit einer anderen Wanderung möglich. Den Weg hinab haben wir nach links gelegentlich die Möglichkeit, einen Blick hinunter auf die Stadt zu werfen, wenn die Häuser eine Lücke bieten. Nach rechts blicken wir auf die Weinberghänge, zum Teil bewaldet, mit manch schönem Weinberghaus.Bald stehen wir an der markanten Kreuzung mit der Eduard-Bilz-Straße, in die wir dann nach rechts einbiegen. Das Rondell an der Kreuzung ließ früher Platz für eine Siegessäule. Die Eduard-Bilz-Straße, in alten Stadtplänen „Straken" genannt, führt uns zum mondänen großen Kurhaus des ehemaligen Bilz-Sanatoriums. Es war bereits das zweite Kurhaus, das der strebsame Naturheillehrer, der nie Artzt war, errichten ließ, das bescheidene Grundgebäude steht daneben. Im Park darüber steht der „Mäuseturm“, früher gern als Aussichtsturm von den Kurgästen benutzt. Nach dem 2. Weltkrieg diente das Sanatorium als Internat für Lehrerstudentinnen. Wir gehen wieder erwas zurück, biegen in die Weinbergstraße ein, die wir hinabgehen, wieder mit Blick nach links über die Stadt, nach rechts auf manch schönes Weinberghaus. Ein extra angelegter Weg nach rechts darf nicht übersehen weden, finden wir doch sonst nicht zum

Bennoschlößchen

„Haus in der Sonne", mit barockem Dach und schönem Erker vom Oberlößnitzer Architekten Hammitzsch erbaut. Mit „Haus Friedeborn" (Nr. 36), „Hermannsberg" (Nr. 34), „Haus Lorenz" (Nr. 28) und „Retzschhaus" (Nr. 20) schreiten wir die Parade der denkmalgeschützten Weinberghäuser dieser prächtigen Straße ab. Im Retzschhaus lebte lange Zeit der Maler des Winzerzuges, Moritz Rentzsch, dessenWerk an das prachtvolle Winzerfest des Jahres 1840 erinnert. Die Weinbergstraße verlassen wir an der Retzschgasse, die zur Bennostraße führt, der wir nach links folgen um das am Ende liegende Bennoschlößchen zu besichtigen. Der Volksmund bringt diesen ältesten Herrensitz der Lößnitz (im 16. Jahrhundert erbaut) mit dem Meißner Bischof Benno aus dem 11. Jahrhundert in Verbindung, der so Straße und Gebäude seinen Namen gab. Das im Renaissancestil errichtete Bauwerk geht auf ein altes Weinberghaus zurück, wird jetzt als Altersheim genutzt. Nun erreichen wir wieder den Augustusweg, folgen ihm nach oben. Bevor wir wieder an der Kreuzung mit der Eduard-Bilz-Straße stehen, sehen wir links den Zugang zum „Haus Sorgenfrei". Das Haupthaus steht am Ende einer Baumallee, der Dachaufbau und die Fassade mit ihren verspielten Verzierungen im Empire-Stil widerspiegeln so recht den Namen des Ende des 18. Jahrhunderts errichteten Gebäudes. Es ist ein hervorragender Vertreter der Lößnitzbaukunst, eines Begriffes, der für die Gesamtheit der zahlreichen Bauwerke unseres Rundganges steht, ohne einen bestimmten Baustil zu verkörpern. Das „Haus Sorgenfrei", das Radebeuler „Sans souci" ist neben „Hoflößnitz" und „Wackerbarths Ruhe" einer der bedeutendsten Herrensitze der Lößnitz. Nun gehen wir nach rechts hinab bis zur Kreuzung mit der Nizzastraße, nachdem wir ein mit Säulen markiertes Tor durchschritten haben, biegen nach links in die Maxim-Gorki-Straße (rechts hinab erblicken wir die Lutherkirche) und stehen am Haus Nr. 22 vor einem ländlichen Weinbergshaus, das fachmännisch von seinem jetzigen Besitzer restauriert wurde. Als „Haus Breitig" ist es neben dem Lindenhof (Nr.18) eins der beiden denkmalgeschützten Häuser an dieser Straße. An der nächsten Kreuzung, in die wir nach rechts in die Hauptstraße einbiegen, erkennen wir links das leider sehr vernachläßigte Gebäude der früher sehr beliebten Gaststätte „Zum Russen", die seinerzeit auch der hier vorbeiführenden Straße ihren Namen gab. Das ehemalige Weingut wurde von dem aus einer russischen Familie stammenden sächsischen Kammerdiener Zarenkow in eine Gaststätte verwandelt. Die Hauptstraße führt uns hinunter zum Gasthof „Vier Jahreszeiten", wo wir verweilen können, die Straßenbahn erreichen oder noch ein wenig den Boulevard entlang bummeln bis zum Bahnhof Radebeul-Ost. Wer sein Auto an den „Linden" geparkt hatte, folgt an den „Vier Jahreszeiten" der Straßenbahn Richtung Dresden und findet es an der nächsten Haltestelle wieder.

Haus Breitig

Friedenskirche in Altkötzschenbroda, älteste Kirche in Radebeul

Bahnhof Radebeul-West (bis 1935 Bahnhof Kötzschenbroda)

Villa am Ledenweg 2, von der Meißner Straße aus gesehen

Sektkellerei Bussard (gegründet 1836)

Bilzbad, Luft- und Freibad mit Gaststätte „Zur Welle“

Moderne Anlage des „Lößnitz-Tank“

Spitzhaustreppe, 1992 erneuert mit Weinberg „Goldener Wagen“

Vorherige Doppelseite: Blick vom Spitzhaus auf Radebeul/ Oberlößnitz

Spitzhaus in Oberlößnitz, ehemaliges Weinberghaus der Gräfin Cosel

Detail am Tor zum Weinberg „Goldener Wagen“

Haus Hoflößnitz mit Weinpresse und Torwappen

Rundgang Wahnsdorf

Wer zu Fuß zum Haltepunkt Lößnitzgrund gehen will, kann das entsprechend der Wanderung durch den Grund tun, man kann sich aber auch das Vergnügen einer kurzen Fahrt mit der Schmalspurbahn von den Bahnhöfen Radebeul-Ost oder Weißes Roß gönnen. Unmittelbar in der Nähe des Haltepunkts führt der Dorfgrund steil nach oben im schattigen Laubwald. Die Mühe ist erforderlich, um den Dorfanger von Altwahnsdorf zu erreichen, der sich an der Post verengt zum Straßendorf und in den Graue-Presse-Weg mündet. Die Häuser stehen meist eng nebeneinander, aufgelockert durch einige Dreiseithöfe, am ehemaligen Erbgericht weist ein Rundbogentor mit Pforte die Jahreszahl 1769 auf. Bevor wir die Haussigstraße überqueren, bietet sich die Gelegenheit einen kurzen Abstecher nach links zum meteorologischen Observatorium zu machen, das seit 1916 als Wetterwarte auf der Wahnsdorfer Kuppe errichtet, dann 1928 den höheren Rang erhielt, jetzt zum sächsischen Wetterdienst gehört. Hinter dem Strakenweg, dem wir dann folgen, steht links die „Graue Presse“, das ehemalige größte Weingut von Wahnsdorf. Von hier stammt die im Museum Hoflößnitz aufgestellte hölzerne Weinpresse. Den Strakenweg gehen wir nur bis zum Bodenweg, biegen dann nach rechts in diesen ein, der bis zur Spitzhausstraße führt. Wir sehen bald das auffällige Bauwerk, das der Straße den Namen gab, vor uns. Bald stehen wir davor, haben von hier und dem danebenliegenden „Bismarckturm“ einen wunderschönen Ausblick auf die Stadt, die Elbtalweitung bis nach Dresden und darüber hinaus. Das ehemalige Weinberghaus, Ende des 17. Jahrhunderts erbaut, gehörte kurze Zeit einmal der Gräfin Cosel. Es wurde mehrfach umgebaut und erweitert, ist seit 1902 in der heutigen Gestalt Gaststätte. Wir befinden uns hier, 130 m über der Elbe schon wieder außerhalb von Wahnsdorf, das wir gerade unbemerkt verlassen haben, gehört doch das Spritzenhaus zum unmittelbar darunterliegenden Weinberg. Der Abstieg über die 1992 aufwendig erneuerte Treppe bietet ständig einen schönen Ausblick auf die Stadt und den danebenliegenden Weinberg, den „Goldenen Wagen“, an dessen schöngestalteten Tor wir am Fuße der Treppe stehen. Diese war erstmalig 1750 nach Plänen von Daniel Pöppelmann erbaut worden. Die Idee dazu stammte von August dem Starken, der gern in Hoflößnitz weilte, dessen Anlage wir unten sehen.

Wir schwenken nach rechts in den Lößnitzgrund, den wir an der „Grundmühle" erreichen, die zur Einkehr einlädt. Wir folgen dann der Lößnitzgrungstraße abwärts. Wer bei vorhergehenden Rundgängen noch nicht das Museum „Hoflößnitz" besucht hat, kann das nun nachholen.Über den Mühlweg, wo wir die Wahl zwischen „Grundschänke" oder „Lößnitztalschänke" haben, erreichen wir dann am „Weißen Roß" die Straßenbahn.

Spitzhaus

Rundgang Lindenau/Oberort

Stadtwappen Kötzschenbroda

Lindenau und Oberort, eine ehemalige Exklave der Gemeinde Kötzschenbroda, sind nach der Eingemeindung so miteinander verbunden, daß nur sehr Kundige noch die Grenze bestimmen können. Wir werden also dieses Gebiet auf dem Hochland gemeinsam durchwandern. Den Rundgang beginnen wir am Bahnhof Radebeul-West oder an der Straßenbahnhaltestelle Moritzburger Straße in unmittelbarer Nähe. Wir gehen diese Straße hinan, haben bald Friedensburg und Wasserturm im Blick, die wir nach der Straßenbiegung am ehemaligen Gasthaus „Heiterer Blick“ aus den Auge verlieren, vorbei an verschiedenen Villen, deren Stil und Größe den Reichtum und Geschmack ihrer Bauherren widerspiegeln, erblicken wir bald das breit angelegte, von Weinbergen umgebene Gebäude der Sektkellerei Bussard, die wir schon bei einem anderen Rundgang streiften und die der Gaststätte mit Sächsischer Weinstube und Freigarten ihren Namen gab. Links das Gelände des Mohrenhauses, ebenfalls schon erwähnt, rechts der Waldpark. Wer einen schattigen Weg mag, kann die Stufen hinuntergehen und nach links zu „Schwarzes Teich“laufen, erreicht über die Jägerhofstraße den Buchholzweg, der in den Friedewald mündet, auf den wir auch stoßen, wenn wir auf der sonnigen Straße bleiben, in die Sonnenleite einbiegen und am Sportplatz vorbeigehen.

Wir sind nun auf dem Hochland, das sich in Richtung Moritzburg fortsetzt. Freundliche Ein- und Zweifamilienhäuser sind bestimmend. Nach rechts zweigt der Weg in den Lößnitzgrund ab. Der Buchholzweg erinnert an das Dorf Buchholz, das in der Gemeinde Friedewald aufging, die dem Weg den Namen gab, auf dem wir weitergehend Altlindenau erreichen. Die Straße führt rechts nach Friedewald, wir halten uns links und kommen nun durch die alte Dorfstraße von Lindenau, die sich trotz einiger Neubauten ihren dörflichen Charakter erhalten hat. Einige neue gastronomische Einrichtungen versuchen die Lücken zu schließen, die durch den Verlust des früher gern besuchten Gasthofs Lindenau und der beliebten „Mieths Weinstuben“ enstanden sind. Über einen kleinen Hügel kommen wir zur Kreuzung mit der Neuländer Straße, an der eine Wegetafel die weitere Orientierung erleichtert. An der Gaststätte „Erholung“ vorbei biegen wir nach rechts ab, erblicken links die unscheinbare Wichernkapelle, Predigtstelle der Friedenskirchgemeinde für diesen Ortsteil. Abwärts gehend folgen wir dann der Ringstraße (rechts ein bedeutendes Neubaugebiet) bis zur Kottenleite. Links oben steht ein Bauwerk mit wechselvoller Geschichte, was schon der häufige Namenswechsel bekundet. Von der „Franz-Josefs-Höhe“ zur „Lindenhöhe“ und „Lößnitzburg“, schließlich zum „Haus der Werktätigen“ (im Volksmund „Kreml“) geht die vielleicht noch nicht vollständige Aufzählung. Herrliche Ansichtskarten und alte Prospekte künden von glanzvollen Zeiten, jetzt hat der Zahn der Zeit doch wenig davon übrig gelassen. Rechts der Kottenleite nach unten folgend verlassen wir den Ortsteil wieder, der Blick fällt auf Weinberge und Laubwald, auf halber Höhe erblickt der Wanderer die Gebäude der ehemaligen Gaststätte von „Mitzschkes Weinschank“, durch zahlreiche alte Ansichtskarten bekannt, leider noch nicht wieder zugänglich. Wir erreichen nun wieder das Tal, an der Johannisbergstraße öffnet sich die Aussicht, an der Straßenbahn können wir den Rundgang beenden oder nach Zitzschewig, beziehungsweise Naundorf auf den dort beschriebenen Wegen fortsetzen.

Tageswanderung durch Radebeul

Wer nur einen Tag Zeit für Radebeul hat, möge bedenken, daß die Meißner Straße, die längs den Ort durchzieht, ungefähr 9 km lang ist. Einen Gang durch die Stadt, der die Hauptverkehrsstraße meidet, wird also mindestens 12 km lang werden, dem Besucher aber die Vielfalt Radebeuls erschließen. Die Beschreibung der Bauwerke und Kulturstätten ist dabei dem Kapitel „Stadtrundgänge“ zu entnehmen.

Meinholds Turmhaus

Die Stadtplanskizze auf dem Vorsatzblatt dieses Buchs genügt zur Orientierung.

Wir beginnen unseren Tagesausflug vormittags am Bahnhof Radebeul-West, werfen einen Blick nach Norden zur Moritzburger Straße, in deren Verlängerung wir die Friedensburg sehen, ein Wahrzeichen dieses Ortsteils, wenden uns dann nach Süden, erreichen den alten Ortskern von Kötzschenbroda, den wir auf der Sommer- oder Winterseite links oder rechts des baumbestandenen Mittelstreifens bis zur Friedenskirche durchstreifen. Wir können dabei an den verschiedenen Hausfassaden die vielfältige Geschichte dieses alten Ortes erahnen. Über die Neue Straße erreichen wir die Meißner Straße, wo rechts die Herrnsdorf'sche Villa und die Gaststätte „Zur Börse" gegenüberliegen, gehen an dieser links vorbei, die mit schönen Bäumen geschmückte Straße entlang zum Rosa-Luxemburg-Platz mit dem ehemaligen Rathaus, darüber grüßen die Weinberge. Wir wenden uns nach rechts, kommen an der Heinrich-Zille-Straße am Krankenhaus vorbei zur Winzerstraße, die wir am Rosenhof vorbei bis zum Anfang gehen. Hier haben wir die Möglichkeit, mit einem kleinen Abstecher durch die Schuchstraße die „Goldene Weintraube" zu einer Rast zu erreichen, wenden uns sonst nach links die Straße zur Schmalspurbahn hinab, die wir überschreiten. Ein Blick auf die Gartenmodelleisenbahn sei empfohlen. Wenige Schritte nach links erreichen wir den Aufgang zum Museum Hoflößnitz, genießen den Blick zum Spitzhaus. Man kann es besuchen oder nur ansehen, der Weg führt weiter den Knohllweg entlang zur Kreuzung Weinbergstraße/Hoflößnitzstraße, wo links

Meinholds Turmhaus steht. Wer auf den Besuch des Karl-May-Museums verzichten will, sollte jetzt die Weinbergstraße hochgehen, an der Eduard-Bilz-Straße links einen Blick zum Sanatoriumsgebäude werfen, sie dann hinunterschlendern bis zur Meißner Straße. Hier wenden wir uns nach links bis zur attraktiven Hauptstraße, die zu einem Einkaufsbummel einlädt. Auch Einkehrmöglichkeiten bestehen hier. Für den Abend bietet sich ein Besuch in den Landesbühnen Sachsen an.

Wer den Besuch des Karl-May-Museums nicht auslassen will, läuft am Turmhaus die Hoflößnitzstraße weiter, biegt nach links in die Nizzastraße ein (rechts die alte „Rosenschenke“ mit schattigem Garten), die wir bis zur Gutenbergstraße verfolgen. Nach links haben wir einen Blick auf die Höhen, wenden uns am neuen Hotel Hoflößnitz nach rechts zur Meißner Straße, überqueren sie mit einem Blick zur Lutherkirche, erreichen die Karl-May-Straße, in die wir einbiegen und nach wenigen Schritten vor der „Villa Shatterhand“ stehen. Nach dem Museumsbesuch gehen wir die Karl-May-Straße wieder zurück, deren Verlängerung weiter bis zur Gellertstraße, über die wir nach rechts bald ebenfalls zur Hauptstraße gelangen. Einkaufsbummel, Abendessen und Theaterbesuch können auch hier den Tag beenden.

Radebeuler Mühlengeschichten

Nicht nur zahlreiche Mühlennamen, auch Straßenbezeichnungen weisen darauf hin, daß in Radebeul und seiner Umgebung die Mühlen eine lange Tradition besitzen. Einmal sind es die sieben Mühlen am Lößnitzbach, alles ehemalige Wassermühlen, teils als Schneide-(Brett-)mühlen erbaut, teils als Getreidemühlen, zum anderen die Schiffsmühlen auf der Elbe und zuletzt auch die Windmühlen, die mehr oder weniger lange ihr Gewerbe ausübten.

Bei einer Wanderung entlang des Lößnitzgrundes kann man noch die sechs Mühlen aufsuchen, zumindest noch die Grundstücke finden,in denen einst das Klappern des Mühlrades zum vertrauten Klang gehörte. Die siebente und letzte stand in Serkowitz nahe der Elbmündung, die Serkowitzer oder Talmühle. Alle Mühlen hatten ein gemeinsames Schicksal bei aller unterschiedlichen Geschichte. Sie waren sämtlich abhängig vom guten Willen der Betreiber der Dippelsdorfer Teiche, von denen der Lößnitzbach abfließt. Diese hielten wegen der Fischzucht oder aus anderen Gründen immer wieder das Wasser zurück. Daraus ergaben sich auch mehrfach Beschwerden und gerichtliche Auseinandersetzungen. Höhepunkt dieser Streitigkeiten und zugleich die endgültige Sterbestunde der Lößnitzbachmühlen war der sogenannte Wasserentziehungsstreit vor der Amtshauptmannschaft Dresden, der vom Finanzministerium zuungunsten der Lößnitzbachmüller entschieden wurde, welche die Klage gemeinsam unterzeichnet hatten. Nach und nach stellten nun die Mühlen ihren Betrieb ein, der zum Teil eine fast 700jährige Tradition hatte oder sie stellten sich auf einen anderen Antrieb um. Die schon genannte Talmühle wird nämlich bereits 1337 urkundlich erwähnt. Die anderen Mühlen liegen – wenn wir hinter dem „Weißen Roß“ den Mühlweg und den Lößnitzgrund aufwärts gehen – in dieser Reihenfolge am Lößnitzbach:

Auf der anderen Bachseite, nahe dem Bahnübergang „An der Jägermühle“ stand die Mühle, die der Straße den Namen gab. Da an ihrer Stelle ein Kraftwerk errichtet werden sollte, riß man 1925 einen Teil der Mahl- und Schneidemühle ab. Dann wurde der Plan aufgegeben. Die stehengebliebenen Gebäude sind jetzt Wohnhaus. Beliebt bis in die jüngste Zeit blieb die „Grundmühle“ ein Stück weiter oben. Im Jahre 1461 erwähnt, wurde sie 1875 vom Baumeister und Architekten Eisold neu aufgebaut und 1905 vergrößert.

Auch nach Aufgabe des inzwischen auf Elektromotor umgestellten Mahlbetriebes ab 1940 wurde sie als Gaststätte und Bäckerei gern besucht, wobei das ländliche Image mit Kleinvieh und Schweinen, die für die regelmäßigen Schlachtfeste gemästet wurden, zahlreichen Radebeulern noch in guter Erinnerung ist. Auch das Grundmühlenbrot wurde gern gegessen, manchmal sogar mit dem Pferdewagen zu den Kunden gefahren. Neben der neu erbauten „Lößnitztalschänke" ist zur Zeit die „Grundmühle" die einzige Gaststätte am Bach. An der Stelle des 1896 in Betrieb genommenen Elektrizitätswerkes stand die Böhnitzschmühle, manchmal auch Carlowitzmühle genannt, die früher – ebenso wie die Grundmühle – zur Flur Wahnsdorf gehörte. Die drei oberen Mühlen gehören schon zu dem Ort Reichenberg auf dem Hochland, dessen Flur sich bis in den Bachgrund ersteckt. Dennoch haben die meisten Radebeuler die „Meierei" als ihre Gaststätte angesehen, die 1881 anstelle von „Schmiedchens Mühle" oder „Iltzschens Mühle" errichtet wurde. Mit Tanzsaal, Gartenterrasse und Gondelteich war sie ein Anziehungspunkt für jung und alt, jetzt ist sie nur noch eine legendäre Ruine. In der Anfangszeit, damals hieß sie noch „Maierei", wurde entsprechend ihrem Namen auch 'ein gutes Glas Landmilch' angeboten. Die Schefflermühle war nie Gastwirtschaft, blieb aber als

Grundmühle ca. 1920

Schneidemühle seit 1739 über 200 Jahre im Besitz der Familie Scheffler. In einer Chronik wird berichtet, daß 1880 eine Dienstmagd aus Heimweh eine Brandstiftung beging. Die Kaisermühle, früher auch als Ortmannmühle in die Mühlengeschichte eingegangen, die als erste das Bachwasser zum Antrieb nutzen konnte, war nach einem 1908 erfolgten Großbrand 1910 zur gern besuchten Gaststätte umgebaut worden. Der anstelle des Mühlrades errichtete Wasserfall und eine Gartenrutschbahn waren besondere Attraktionen. Nicht zu vergessen die gewaltige, mehrere hundert Jahre alte Steinlinde hinter dem damaligen Gasthaus. Die oft zu verzeichnenden Umbenennungen sind ähnlich wie bei den Gasthöfen auf einen Besitzerwechsel zurückzuführen. Die Namen waren ja auch inoffiziell, erlangen erst in jüngster Zeit mit dem Handels- und Gewerberecht eine verbindliche Festlegung. Kommen wir nun zu den Schiffsmühlen unserer Gegend. Diese Mühlen waren als Kähne auf der Elbe verankert und der Fluß trieb über ein Schaufelrad das Mahlwerk an. Die berühmt-berüchtigste war wohl die Kötzschenbrodaer Schiffsmühle, die der Gemeinde seit dem 16. Jahrhundert gehörte, aber schon im 14. Jahrhundert gegründet worden ist. Eine alte Chronik berichtet ausführlich, was dort im Verlauf von 200 Jahren an Unglücksfällen passierte. Kaum war sie um die Jahrhundertwende des 18. Jahrhunderts neu aufgebaut worden, rissen sie 1813 erst die Franzosen und dann die Österreicher nieder. 1822 wiederhergestellt, brannte sie dann im 19. Jahrhundert viermal ab. Schiffsleute, Müller und Müllerjungen ertranken bei Unglücksfällen und auch in das Getriebe des Malwerkes gerieten einige Lehrlinge und unachtsame Besucher. Probleme anderer Art bekam die Mühle bereits, als 1789 der neue Elbdamm erbaut wurde als Schutz gegen das Hochwasser. Die Strömung der Elbe veränderte sich so stark, daß die Schiffsmühle am anderen Ufer verankert wurde. Dadurch mußten das Mahlgut und das Mehl im Kahn transportiert werden.

Die älteste Schiffsmühle Sachsens wird übrigens bereits 1227 in Meißen erwähnt. Eine weitere befand sich lange in der Nähe der Gauernitzer Insel. Und Mitte des 19. Jahrhunderts erwähnt auch Julius Hofmann in seinem Buch „Das Meißner Niederland“ eine Schiffsmühle bei Naundorf am Tännichthaus. Schließlich lag auch bei Serkowitz, in der Nähe des Standorts der Gohliser Windmühle eine Schiffsmühle, über die bereits 1570 berichtet wird. Sie hat 1867 den Betrieb eingestellt.

Zuletzt soll noch auf die Windmühlen eingegangen werden. Beherrschend sind zwei Bauarten. Die Bockwindmühle, aus Holz erbaut, bestand aus einem viereckigen hausförmigen Bau mit dem Mahlwerk und den Windflügeln, der auf einem Drehgestell stand, damit es an dem Mühlbaum, dem Sterz, in den Wind gedreht werden konnte. Diese waren anfällig gegen Brandgefahren und stürzten bei Stürmen oder aus Baufälligkeit auch mal um. Die Holländermühlen waren dagegen stabiler. Sie hatten einen gemauerten runden Grundkörper, auf dem der Mühlenkopf, das drehbare Dach saß. Der Erfinder dieser Bauart ist Leonardo da Vinci, das italienische Universalgenie. Ihren Namen haben sie erhalten, weil sie zuerst in Holland weit verbreitet waren. Gegenüber von Serkowitz, über eine Fähre zu erreichen, steht mit der oben erwähnten Gohliser Windmühle eine der am besten erhaltenen „Holländer" Sachsens: Anstelle einer vom Sturm umgeworfenen Bockwindmühle wurde sie 1828 erbaut, war bis 1914 im Mahlbetrieb, dann nur noch Gaststätte. Sie steht unter Denkmalschutz. Auch in Kötzschenbroda stand eine Zeit lang eine Holländer Windmühle und zwar im 19. Jahrhundert auf dem Elbdamm hinter dem „Goldenen Anker", dessen Wirt sie 1810 für 2000 Taler erbauen ließ, 1832 ging sie in den Besitz des Schiffsmüllers über, der 1865 den Bau erhöhen ließ, warscheinlich waren die Windverhältnisse zu ungünstig, ohnehin zählte man in Kötzschenbroda nur 150 Windtage im Jahr. 1873 ging die Geschichte beider Kötzschenbrodaer Mühlen zu Ende. Im Jahre 1869 hatte die „Kötzschenbrodaer Zeitung" gemeldet, daß die Windmühle an der Wasastraße abgebrannt sei, im übrigen sind aber die Überlieferungen über diese Mühle spärlich. Sie war Ende der siebziger Jahre in vorigen Jahrhundert als Bockwindmühle gebaut worden, wurde also nicht einmal 100 Jahre alt. Sie stand in Nähe jetzigen Roseggerschule. In einem Bauantrag wünscht 1849 ein Bauherr sogar die Zustimmung für eine Mühle mit Pferdeantrieb (Göpel) in Zitzschewig. Wie diese Geschichte weiterging, ist nicht überliefert. In der Umgebung Radebeuls ist in Boxdorf auf dem Galgenberg der Bau einer Windmühle erhalten, der von einer Holländer-Mühle stammt, die 1849 erbaut wurde. Die an gleicher Stelle stehende Bockwindmühle wurde nur 10 Jahre alt. Der Mühlenkörper erhielt nach dem Umbau zur Gaststätte im Jahre 1904 eine Plattform mit Zinnen, war wegen des Rundblicks berühmt. Nach dem 2. Weltkrieg wurde sie für kommunale Zwecke umgebaut. Auch in Moritzburg steht noch der Rundbau einer Holländermühle in einem Privatgrundstück. Es sei hier noch erwähnt, daß die Müller aller Mühlarten nicht nur mit Unglücksfällen, schlechten Windverhältnissen und Wasserverweigerung zu kämpfen hatten, sondern auch mit dem Mahlzwang. Dieser ließ eine freie Marktwirtschaft zwischen den Mühlen nicht zu, sondern verpflichtete die Bauern, ihr Getreide in bestimmten Mühlen mahlen zu lassen. Das war nicht immer die nächstgelegene Mühle, auch änderte sich der Mahlzwang auch oft recht willkürlich, konnte zum Teil auch erkauft werden. Auch Festlegungen hinsichtlich der Menge an Brotgetreide, die jeder Bauer mahlen durfte, die sogenannte „Brödung", brachte Erschwernisse mit sich. Der Mahlzwang wurde erst Mitte des 19. Jahrhunderts aufgehoben. Der Beruf des Müllers war also

Gasthaus „Grundmühle" 1993

durchaus nicht so lustig, so unbeschwert, wie es die deutschen Volkslieder anklingen lassen. Er hatte mit den Unbilden der Natur, menschlichem Zwiespalt und dem Markt zu kämpfen, unterlag manches Mal. Gerade deshalb ist es notwendig, die Geschichte der Mühlen als ein Stück Kultur zu erhalten, damit nicht nur noch Straßennamen und Lieder an unsere heimatlichen Mühlen erinnern.

Radebeuls landschaftliches Umland

Radebeul ist Bestandteil der Elbtalweitung, die in Dresden ihre größte Breite hat und sich dahinter zwischen der Stadtgrenze zur Landeshauptstadt und den Weindörfern hinter Meißen mit einer Breite von 2 bis 5 Kilometern in nordwestlicher Richtung in eine Hochfläche eingegraben hat, die rechts vom Strom als Lausitzer Platte, links als mittelsächsisches Lößnitzgebiet bezeichnet wird. Klimatisch gibt es zwischen dem Elbtal und den Höhenlagen beträchtliche Unterschiede, was die Zahl der schneefreien Tage und die Dauer der Sonneneinstrahlung betrifft. Das führt dazu, daß im Tal Schneeglöckchen und Apfelbäume 4–5 Tage eher blühen als auf der Höhe. Die Stadtteile Wahnsdorf und Lindenau gehören bereits zur Hochfläche, die mit dem Friedewald um Moritzburg und der Dresdner Heide auch zwei bemerkenswerte Waldgebiete enthält. Der Ort Friedewald, aus den Dörfern Dippelsdorf und Buchholz entstanden, erhielt seinen Namen nach diesem Forstgebiet. Im Unterschied zu dem nahezu geschlossenen Waldgebiet der Dresdner Heide, das Wanderer zu ausgedehnten Spaziergängen einlädt, wird der Friedewald von zahlreichen größeren und kleineren, meist künstlich angelegten Teichen durchbrochen, die Gegend trägt daher auch den volkstümlichen Namen Moritzburger Teichgebiet. Die Teiche dienen heute neben der Fischzucht auch der Naherholung für Camping und Freibaden, aber auch als Refugium für Wasservögel. Floristisch zählt das Elbhügelland um Dresden, wie es die Botaniker nennen, zu den artenreichsten Gebieten Mitteleuropas. Das hängt auch mit den unterschiedlichen Bodenarten zusammen. Es gibt den nährstoffreichen Lößboden ebenso wie den mageren Sandboden der Heide und die feuchten Wiesenauen, die auch seltenen Tieren Unterschlupf bieten. Das Wildgehege in Moritzburg erinnert daran, daß der Friedewald einst bevorzugtes Jagdgebiet der sächsischen Fürsten und Könige war. 1541 ließ Herzog Moritz von Sachsen das berühmte Jagdschloß bauen, das seinen Namen trägt. August der Starke hat es dann zu dem Schmuckstück umbauen lassen, das den Besucher schon von weitem erfreut. Es ist nicht nur der Namensgeber des Ortes, der bis 1934 Eisenberg hieß, sondern vor allem auch der touristische Schatz der Gemeinde, die vom Fremdenverkehr lebt. In Richtung Meißen geht der Wald in eine Heidelandschaft über, die bis Weinböhla reicht, wo wieder der Anschluß an das Elbtal hergestellt wird. Dahinter ragt das Spaargebirge aus der Elbaue heraus, durch welche die Elbe in grauer Vorzeit floß, bevor sie sich in jahrttausendelanger Arbeit einen neuen Weg durch den granitischen Fels bahnte, dabei das Spaargebirge, das jetzt einen wesentlichen Teil des mittelsächsischen Weinbaugebietes darstellt, vom gegenüberliegenden Plateau abtrennte. Hinter der alten Residenzstadt mit der das Stadtbild beherrschenden Albrechtsburg und dem Dom setzt sich das mittelsächsische Weinbaugebiet rechtselbisch bis Diesbar-Seußlitz fort, dessen Hinterland die Großenhainer Pflege ist. Die Elbe verläßt hier das Elbtal, tritt dann ins flache Land ein. Die neugegründete „Sächsische Weinstraße" führt von Diesbar-Seußlitz, ihrem nördlichsten Punkt, elbaufwärts über Radebeul bis nach Dresden-Pillnitz, verbindet die Weinorte, die sich alle auf dieser Elbseite befinden. Auf der gegenüberliegenden Seite ziehen sich von Meißen bis Cossebaude an der Stadtgrenze von Dresden die bewaldeten Täler hin, die als Landschaftsschutzgebiet „Linkselbische Täler" und Naturschutzgebiet „Elbleiten" hohen gesetzlichen Schutz genießen. Zahlreiche Bäche haben sich von den Höhen herab romantische Täler geschaffen, die dem Touristen, der auch mal das Auto verläßt, manche Sehenswürdigkeit bieten, seien es seltene Pflanzen, Waldtiere oder alte Mühlen, die noch gut erhalten sind, verschwiegene Blumenwiesen. Auf der Hochebene wird Ackerbau und Viehzucht betrieben, aber auch ausgedehnte Obstplantagen um die schmucken Kirchdörfer lassen den fruchtbaren Boden, der gute Erträge ermöglicht, zur Geltung kommen. In einigen Dörfern wurde versucht den Bergbau zu erschließen, wovon verlassene Stollen und bergbautypische Flurbezeichnungen künden. Aber über kurzzeitige Versuche kam man nicht hinaus, zu gering war der Ertrag. Er blieb so auf das Gebiet um Freiberg beschränkt, deren Wahrzeichen, die Essen bei Muldenhütten, man bei guter Sicht erkennen kann. Bis zum Vorland des Erzgebirges reicht der Blick dann, an das die Ebene grenzt. Das Stadtgebiet von Dresden, das sich elbaufwärts an Radebeul anschließt, hat sich weitgehend bis hinauf auf die Hänge des Elbtals ausgedehnt, Felder und Wälder verdrängt. Erst dahinter werden die Hänge wieder bewachsen. Während sich von Heidenau bis Pirna eine wenig attraktive Industrielandschaft im Elbtal breit macht, beginnt dahinter bereits mit den ersten Sandsteinfelsen der „Sächsischen Schweiz“ ein Landschaftsschutzgebiet, das zu den interessantesten Touristenzielen der Umgebung gehört. Durch die „Weiße Flotte“ und die Vorortbahn Dresden-Meißen-Schöna ist sie von Radebeul gut zu erreichen, falls nicht die Fahrt mit dem Auto erwogen wird. In den am Schluß des Buches angegebenen Wander- und Ausflugsvorschlägen wird zum Teil ausführlich auf die schönsten Orte des Umlandes eingegangen.

Schloß Moritzburg

Hinweise zu den Rundgängen, Ausflügen, Wanderungen

Die Texte zu den Rundgängen, Ausflügen und Wanderungen in diesem Buch können nicht einen ausführlichen Reiseführer ersetzen, sondern sollen vor allem auf Schwerpunkte hinweisen und zu Ausflügen anregen. Die beigefügte Stadtplanskizze und die Umgebungskarte „Sächsische Weinstraße" können nur zur Orientierung dienen. Auf die Anwendung eines übersichtlichen Stadtplans oder einer Umgebungskarte von Dresden im Maßstab von 1 : 50 000 sollte nicht verzichtet werden, zumal diese zusätzliche Informationen enthalten, auf die hier nicht eingegangen werden kann. Zugleich bieten die Karten auch den Kundigen die Möglichkeit, die Wander- und Ausflugsvorschläge zu variieren. Denn obwohl sich Radebeul sonst in keiner Weise mit Rom messen kann, in einer Hinsicht sind sich diese Städte gleich: Es führen viele Wege dahin und natürlich auch wieder hinaus. So wie man nach alter philosophischer Deutung nicht zweimal in denselben Fluß steigen kann, weil er sich ständig verändert, so ist es auch mit den Wegen und Straßen. Wir können sie ständig neu erleben, auch wenn wir sie schon zu kennen glauben.

Sächsische Schweiz

Haus Sorgenfrei, Herrensitz in Oberlößnitz

Meinholds Turmhaus, Ecke Hoflößnitz-/Weinbergstraße

Haus Lorenz, Weinberghaus an der Weinbergstraße

Haus Breitig, restauriertes Weinberghaus in Oberlößnitz

Karl-May-Museum, „Villa Shatterhand", letzter Wohnsitz von Karl May

Schmalspurbahn im Lößnitzgrund

Bahnhof Radebeul-Ost, Ausgangsstation der Schmalspurbahn

Hauptstraße, Geschäftszentrum in Radebeul-Ost

Lutherkirche, erbaut 1892

Vorhergehende Doppelseite: Bennoschlößchen, ehemals bischöflicher Herrensitz

Rathaus, Hauptsitz der Stadtverwaltung, Pestalozzistraße

Restaurierter Gedenkstein in Serkowitz, errichtet 1884 als Erinnerung an die Rettung der sächsischen Prinzen 1784

AUSFLUGSZIELE

Meißen und Diesbar

Einen Ausflug nach Meißen sollte man am besten mit einer Fahrt auf der Elbe mit der „Weißen Flotte“ verbinden. Vormittags nimmt uns ein fahrplanmäßiges Schiff auf, das uns mit einigen Zwischenaufenthalten direkt bis Meißen bringt. Zunächst passieren wir die Anlage des Pumpspeicherwerks Niederwartha, sehen die Rohre, welche die Wassermassen nachts in der oberen Stausee und tagsüber bei Bedarf wieder herunter transportieren, fahren dann unter der 1983 neu erbauten Naundorfer Brücke hindurch, erreichen Gauernitz, das gegenüber Coswig gelegen, Ausgangspunkt für interessante Wanderungen in die linkselbischen Täler sein kann. Rechts liegt dann die Gauernitzer Insel, Refugium zahlreicher seltener Vogelarten. Das Elbtal wird nun wieder enger, weil rechts vor uns der Boselfelsen den Beginn des Spaargebirges ankündigt, Hauptanbaugebiet für den Meißner Wein. Links oben sehen wir nun aber erst einmal die Gebäude des Scharfenberger Schlosses, eines Bauwerkes, daß trotz hohen denkmalspflegerischen Ranges in den letzten 15 Jahren leider sehr stark gelitten hat. Es erhielt 1654 seine heutige Gestalt, wurde aber bereits 1227 als „Veste“ erwähnt. Anfang des 19. Jahrhunderts spielte das Schloß als Domizil romantischer Künstler eine gewisse Rolle in der deutschen Geistesgeschichte. Der Besitzer Karl Borromäus von Miltitz, selbst ein Komponist, scharte einen Kreis von Gleichgesinnten um sich, darunter den Dichter des Undine-Märchens und Freiheitskämpfer von 1813, Friedrich de la Motte-Fouque. Das im Volksmund „Totenhäuschen“ genannte Gebäude, das danach über den Wipfeln auftaucht, ist ein Weinhaus, das daran erinnert, daß bis Mitte des vorigen Jahrhunderts auch auf dieser Seite des Elbtals ausgedehnte Weinberge existierten. Diese sind nun fast ausschließlich auf den Hängen des Spaargebirges gegenüber weitläufig angesiedelt, wobei der Kapitelberg mit seinem rustikalen Weingut der größte ist. Während vor uns schon die Domtürme von Meißen auftauchen, erkennen wir links oben erneut ein bemerkenswertes Schloß, Siebeneichen. In noch stärkerem Maße als Scharfenberg hatten Haubold von Miltitz und dessen einziger Sohn, Dietrich, einen Freundeskreis gebildet, der mit Johann Gottlieb Fichte, Novalis und Theodor Körner seine herausragendsten Vertreter hatte. Während der Napoleonischen Tyrannei war das Schloß Zufluchtsort von Gegnern des französischen Kaisers. An der Eisenbahnbrücke, welche die S-Bahn-Strecke nach Meißen-Triebischtal und die Nebenbahnstrecke über Döbeln nach Leipzig trägt, befindet sich die Haltestelle der Weißen Flotte, an der wir das Schiff zu einem ausführlichen Stadtbummel verlasssen können. Wir können uns aber den Stadtbummel auch für einen späteren Ausflug aufsparen und das Schiff weiter bis zum Weindorf Diesbar-Seußlitz an der Kreisgrenze von Riesa benutzen. An der Albrechtsburg mit dem Dom und den Ruinen des Klosters „Zum heiligen Kreuz" vorbei führt die Fahrt, vorbei an den Hängen der Weinberge von Proschwitz und Zadel bis hin zur nördlichen Grenze des sächsischen Weinbaugebiets. Dabei ist auffällig, daß unterhalb von Zadel die meisten Weinberge auf den Halden stillgelegter Steinbrüche errichtet worden sind. Der Kirchturm von Zadel, der über dem Tal aufragt, trägt ein Steinbild, das als Rest eines slawischen Götzenbildes gedeutet wird. Gegenüber, in Zehren, steigt die Straße

Elbbogen bei Diesbar

nach Leipzig steil aus dem Elbtal auf die Höhe hinauf. Unsere Fahrt endet im Elbbogen in Diesbar, hinter dem sich dann das Elbtal ins flache Land öffnet. In Diesbar können wir rasten und dann ein kurzes Stück entlang der Sächsischen Weinstraße bis zu deren Endpunkt in Seußlitz wandern. Wir kommen dabei am Felsen des „Bösen Bruders“ vorbei, der wegen seines Profils so heißt, das einem männlichen Gesicht ähnelt. Unmittelbar rechts bietet sich ein Aufstieg zur Heinrichsburg an, von dessen Winzerhaus man einen schönen Blick auf das nach Plänen von George Bähr erbaute Schloß mit Kirche hat. Früher war es ein Klarissinnenkloster, das jetzt als Altersheim genutzt wird.

Gegenüber grüßt von der anderen Elbseite Schloß Hirschstein. Ein Gang durch den Schloßpark und das Dorf beendet unseren Ausflug. Wir können mit dem Schiff oder dem Bus nach Meißen fahren und mit der S-Bahn nach Radebeul zurückkehren.

Stadtrundgang Meißen

Wer auf dem Ausflug nach Diesbar-Seußlitz verzichtet und Meißen ausführlich kennenlernen möchte, wendet sich nach dem Verlassen des Schiffs zunächst an der Uferstraße entlang bis zur Straßenbrücke über die Elbe, an deren Brückenkopf wir uns nach links in die Meißner Innenstadt wenden. Zunächst erreichen wir den Rathenauplatz, links vom turmlosen Kirchbau des ehemaligen Franziskanerklosters beherrscht, jetzt als Stadtmuseum genutzt. Die Elbstraße weitergehend stehen wir bald am Markt, der von allen sächsischen Städten wohl am besten sein mittelalterliches Aussehen bewahrt hat. Dominante gegenüber den hochgiebligen Handwerker- und Patrizierhäusern bildet das Rathaus, 1472 bis 1478 von Arnold von Westfalen erbaut. Überragt werden alle Häuser an Alter und Höhen von der Frauenkirche am Rande des Markts, die aus einer bereits 1150 erstmals erwähnten Kapelle entstand und um 1500 ihre heutige Gestalt erhielt. Das reichgeschmückte Kircheninnere lohnt eine Besichtigung ebenso wie ein Aufstieg zum Turm. Wegen des guten Überblicks über die Stadt waren die Türmer der Frauenkirche zugleich Feuerwächter der Stadt. Das Porzellanglockenspiel aus dem Jahr der Jahrtausendfeier 1929 klingt mehrfach täglich über die Stadt. Es ist das einzige aus Meißner Porzellan in Deutschland, die beiden anderen gingen in Dresden und Bremen durch Kriegszerstörung verloren. Am Fuße der Frauerkirche fällt das reizende Fachwerkhaus der Gaststätte von „Vincenz Richter“ ins Auge, das zahlreichen Malern und Fotografen als Motiv dient.

Überhaupt soll Meißen die Stadt in Deutschland sein, die am meisten gemalt, gezeichnet, radiert und gestochen wurde. Neben Ludwig Richter, der lange Zeit in Meißen wohnte, stehen dafür solche berühmte Namen wie Kersting, Zwintscher und Sascha Schneider.

Albrechtsburg und Dom zu Meißen

In der Gaststätte sind nicht nur Speisen und Getränke einladend, sondern vor allem die zahlreichen Altertümer, die das Haus zu einem Privatmuseum werden ließen. Ein Gang um die Frauenkirche herum führt zum Tuchmachertor, das früher dem Friedhof abschloß. Über die Superindententurstufen und den Seelensteig erreichen wir die Freiheit, früher der Bezirk, in welchem die Herrschaften wohnten, die frei von städtischen Lasten waren, dem Fürsten direkt unterstellt. Mit der Kirche St. Afra und der ehemaligen Fürstenschule (berühmte Schüler waren Gellert, Lessing und der Arzt Hahnemann) hat die Freiheit historische Gebäude, deren Reihe sich mit den ehemaligen Freihöfen fortsetzt, die den Weg bis zur Burgbrücke säumen, deren Torturm auf eine ehemalige Zugbrücke hindeutet. Durch ihn hindurch erreichen wir den Domplatz mit den steinernen Wahrzeichen deutscher Geschichte, die es nötig machen, die Geschichte der Stadt kurz zu streifen (siehe folgende Seite).
Die Türme des Doms, des Meisterwerks der gotischen Baukunst, wurden übrigens erst 1908 vollendet. Einzelheiten über Dom und Burg erfahren wir bei den sachkundigen Führungen. Von der Burg gelangen wir wieder auf den Markt, wenn wir an der Brücke die Stufen links hinuntersteigen und dann die Burgstraße mit zahlreichen denkmalgeschützten Gebäuden entlanggehen, von da über die Elbbrücke zum Bahnhof laufen, mit der S-Bahn zurückkehren können. Wer sich noch etwas Zeit nimmt, oder früh mit dem Auto angereist ist, kann sich noch den Weg zur Porzellanmanufaktur gönnen, der vom Markt aus in westlicher Richtung an der Triebisch entlangführt. Der nach dem 1. Weltkrieg wesentlich erweiterte sächsische Staatsbetrieb lohnt einen Besuch, für den man allerdings etwa zwei Stunden ansetzen muß. Neben der Schauhalle, die reichhaltig das Schaffen der bedeutenden Künstler und Meister des Meißner Porzellans, wie Hörold, Kändler, Marcolini und Börner demonstriert, sind es auch die Schauräume, in denen die Herstellung des Porzellans gezeigt wird, die unser Interesse verdienen. Mit dem Stadtbus können wir zum Bahnhof oder zum Parkplatz zurückfahren. Wer nämlich nicht mit der Weißen Flotte anreisen will, sollte es mit der S-Bahn tun, oder mit dem Auto wenigstens an der Elbe parken und dann die Stadtwanderung durchführen. Von einem Besuch der Innenstadt mit dem Auto wird dringend abgeraten.

Stadtgeschichte Meißens

Nachdem die ehemals germanisch bewohnten Gebiete im Zuge der Völkerwanderung von Slawen besiedelt wurden, drangen im Jahre 929 unter Heinrich I. erneut germanische Stämme in die slawischen Gaue Daleminzien und Nisan ein, deren Grenze bei Niederwartha lag. Der Meißner Burgberg bot sich als eine Stelle an, von der aus mit einer Befestigung die Gegend gut überwachen ließ. Das Gebiet wurde Markland, Grenzland, ein Markgraf wurde eingesetzt, der staatlichen Verwaltung folgte bald die Gründung des Bistums Meißen, Bischofssitz wurden die Gebäude um den Rundturm im Südosten des Geländes. Um die Burg herum siedelten sich bald Händler und Bedienstete an. Die Stadt erhielt Marktrecht, wurde Zentrum der zahlreichen Siedlungsdörfer des Umlands. Dagegen verlor Lommatzsch, früher Hauptstadt des Gaues Daleminzien an Bedeutung. Auf der Burg entfaltete sich ein reiches Leben. Parallel dazu entwickelte sich die um den Markt herum angelegte Stadt, deren Weichbild sich zwischen 1450 und 1600 maßgeblich herausbildete. Auf dem Burgberg entstand unter der Leitung Arnolds von Westfalen von 1471 an die Albrechtsburg, auch Bischofsschloß und Dom wurden neu erbaut. Durch die Verlegung der sächsischen Residenz nach Dresden verlor Meißen an Bedeutung, auch das Residenzschloß Albrechtsburg, früher Stätte prunkvoller Feste, wurde vernachlässigt. Die Nutzung als Porzellanmanufaktur bestätigt das, die August der Starke anordnete und die dort bis zu deren Neubau im Triebischtal 1863 verblieb. Diese Gründung hat die Entwicklung der Stadt deutlich beeinflußt, trug zum erneuten Aufstieg Meißens bei, war die Basis für die Industrialisierung der Kreisstadt im Herzen Sachsens, die zugleich die Wiege des sächsischen Staates ist.

Ausflug nach Dresden

Ein Ausflug nach Dresden sollte zum Programm jedes Besuchers von Radebeul gehören, weil die sächsische Residenzstadt kulturell, geschichtlich und verkehrstechnisch die große Schwester unserer Stadt ist und war.

Zwinger in Dresden

Da über Dresden ganze Bibliotheken vorliegen, kann in diesem Buch nur andeutungsweise auf wesentliche Schwerpunkte von „Elbflorenz" eingegangen werden, wie Dresden in der Reiseliteratur auch genannt wird. Eine kurze Stadtgeschichte soll der Ausgangspunkt für das Kennenlernen Dresdens sein:

1206 erste Erwähnung als Ort, 1216 als Stadt, Ausgangspunkt war das sorbische Dorf Drezdan. Begünstigt wurde die Ortsgründung durch die Lage an einer Elbfurt und an der Kreuzung von zwei mittelalterlichen Handelsstraßen (Meißen-Böhmen und Nürnberg-Krakau). Zentrum der Stadt waren der Altmarkt und der Neumarkt um die jetzige Frauenkirche. Die ältesten Bauwerke, die Vorläufer von Frauenkirche, Kreuzkirche und Burg (Schloß) stammen aber schon aus dem 11. Jahrhundert.

1287 Bau der ersten steinernen Brücke (jetzt Augustusbrücke). Die Stadt war durch eine Stadtmauer befestigt.

1403 Altendresden, das später nach einem Stadtbrand Dresden-Neustadt wurde, erhielt Stadtrecht.

1471 Beginn des Neubaus des Dresdner Schlosses durch Arnold von Westfalen. 1547 wurde der Schloßturm, 1674 der Hausmannsturm neu gebaut, 1725 Errichtung des Grünen Gewölbes, 1901 wurde das Schloß zuletzt umgebaut.

1485 Dresden wurde nach Übersiedlung der Wettiner aus Meißen Residenzstadt.

1539 Die Reformation hält in Dresden Einzug, daher werden die Kirchen Dresdens evangelisch.

1550 Altendresden wird mit Dresden zusammengeschlossen, blieb ein eigenständiger Stadtbezirk.

1697 August der Starke wird als sächsischer Kurfürst zugleich König von Polen. Bedingung dafür war sein Übertritt zum Katholizismus, was Dresdens Entwicklung maßgeblich beeinflußte. Bis 1756 stieg die Einwohnerzahl von 21 000 auf 63 000.

1709 Beginn des Zwingerneubaus. Der Zwinger wurde nie ganz vollendet, drohte zu verfallen, wurde 1783 wiederhergestellt. Im Jahre 1847 wurde der Zwinger durch den Neubau der

Gemäldegalerie durch Gottfried Semper abgeschlossen.

1722 Neubau der Frauenkirche durch George Bähr als 'Steinerne Glocke'. Die Kuppel wurde erst 1743 nach dem Tode Bährs vollendet.

1739 Neubau der 1731 abgerissenen Dreikönigskirche an der Hauptstraße, weil die Vorgängerin mitten auf der von August dem Starken geplanten Magistrale stand.

1755 Neubau der Dresdner Kathedrale, die damals als Hofkirche benötigt wurde, weil die Königsfamilie im Gegensatz zur Bevölkerung katholischen Bekenntnisses war.

1760 wurde die Kreuzkirche (früher Nikolaikirche) durch preußischen Beschluß zerstört und bis 1792 neu gebaut.

1839 Erste Eisenbahnfahrt zwischen Dresden und Radebeul-Weintraube, des ersten Bauabschnitts der Linie Dresden-Leipzig.

1852 Neubau der Marienbrücke, die 1901 total erneuert und durch die Eisenbahnbrücke ergänzt wurde.

1861 Gründung des Dredner Zoos am Rande des Großen Gartens. Vorläufer war eine Vogelschau, gegründet 1855.

1872 Erste Pferdeeisenbahn in Dresden als Vorläufer der 1900 in Betrieb gehenden elektrischen Straßenbahn.

1878 wurde das Opernhaus von Gottfried Semper erbaut, das nach der Zerstörung 1945 wiedererbaut wurde.

1893 Errichtung des „Blauen Wunders", der Hängebrücke zwischen Blasewitz und Loschwitz.

1895 Inbetriebnahme der Standseilbahn in Loschwitz und 1901 wurde die Schwebebahn ebenfalls dort erbaut.

1901 Der Neustädter Bahnhof wurde neu erbaut, Ersatz für die Kopfbahnhöfe der Eisenbahnlinien nach Leipzig, Berlin und Breslau. Zugleich wurde die Verbindung zum Hauptbahnhof hergestellt (Dieser hieß bis dahin 'Böhmischer Bahnhof').

1910 Neubau des Rathauses mit dem 100 m hohen Turm, das alte Rathaus stand am Altmarkt.

1930 Einweihung des Hygienemuseums an der Lingnerallee, die nach dessen Initiator benannt wurde.

In der Zeittafel sind zugleich auch die wichtigsten Sehenswürdigkeiten genannt, die man bei einem Stadtrundgang besichtigen sollte. Ausgangspunkt könnte der Neustädter Markt am Goldenen Reiter sein, den man mit der Straßenbahn oder mit dem Auto erreichen kann. Zunächst wäre eine Promenade entlang der Hauptstraße zu empfehlen, bis hin zur Dreikönigskirche und wieder zurück zum Goldenen Reiter, dem Stadtbild August des Starken, vorbei am Kügelgenhaus, dem Museum der Romantik. Beim Weg über die Augustusbrücke haben wir die wesentlichen Teil der Dresdner Repräsentativbau vor uns. Links die Brühlsche Terrasse, früher als „Balkon Europas" gerühmt mit Kunstakademie und Landtagsgebäude, dann das Georgentor zum Schloß, die Kathedrale, die Schloßtürme dahinter, ganz rechts der Theaterplatz mit Gemäldegalerie und Semperoper. Ganz im Hintergrund können die Türme von Kreuzkirche und Rathaus ausgemacht werden, die Ruine der Frauenkirche ist zu erkennen. An der Kathedrale links vorbeigehend, kom-

Schloß Pillnitz

men wir am 'Fürstenzug', einer Darstellung des Wettiner Fürstengeschlechts auf Meißner Porzellan vorbei zum Neumarkt mit der Frauenkirchruine, dem Verkehrsmuseum (Johanneum) und dem Kulturpalast, den wir von hinten sehen. An ihm vorbei erreichen wir den Altmarkt, links hinten stehen Kreuzkirche und Rathaus, wir gehen wieder zum Kulturpalast zurück, wenden uns nach links zum Postplatz, dem Straßenbahnknotenpunkt Dresdens. Links steht das Schauspielhaus und gegenüber erblicken wir die schönste Seite des Zwingers mit dem Kronentor. Durch dieses Tor können wir in den Zwingerhof eintreten (in seinen Flügeln befinden sich interessante Sammlungen) und gehen gegenüber durch die Gemäldegalerie hindurch (eine der wertvollsten Sammlungen Europas). Nun stehen wir auf dem Theaterplatz, erblicken von links nach rechts die Semperoper, das „Italienische Dörfchen“, die Kathedrale und das Schloß. Die Besichtigungsmöglichkeiten muß man den aktuellen Dresdner Informationen entnehmen.
Nach diesem Gang durchs Zentrum, den wir über die Augustusbrücke zurückgehend beenden, kann man sich noch für die anderen Sehenswürdigkeiten entschließen, zum Großen Garten mit einem Besuch des Zoos nach einer Fahrt mit der Parkeisenbahn ab Straßburger Platz. Auch der Dresdner Osten, die Fahrten mit Schwebebahn und Standseilbahn und der Besuch des Pillnitzer Schlosses können einen Tag ausfüllen. Für den Besuch von Theater, Oper oder Konzert sollte man sich rechzeitig informieren. Dresden ist tags und abends einen Ausflug wert.

Ausflüge in die Sächsische Schweiz

Geschichte und Einführung

Für einen Ausflug in die Sächsische Schweiz bieten sich vielfältige Möglichkeiten an. Dabei ist die Stadt Pirna als das Tor zu dieser Landschaft anzusehen, die zu Beginn des 19. Jahrhunderts durch die Veröffentlichungen der Pfarrer Nicolai aus Lohmen und Götzinger aus Neustadt in den Blickpunkt des Tourismus gerückt wurden. Der Name „Sächsische Schweiz" geht dabei auf eine Gruppe von Kunstmalern aus der Schweiz zurück, die Ende des 18. Jahrhunderts bei Ausflügen in die Bergwelt an ihre Heimat erinnert wurden. Der ander Name – Elbsandsteingebirge – tritt dabei etwas in den Hintergrund. Im Verlauf der Erdgeschichte wurde eine Sandsteinplatte von unten in den sie umgebenden Granit gehoben. Nach der Tertiärzeit und der Eiszeit, die das Gebiet mit Eismassen überlagerte, haben die ungeheueren Schmelzwässer zunächst das Land-

Bastei und Lilienstein

schaftsbild auszuformen begonnen. Am Ende der Eiszeit hat dann eine erneute Hebung dazu beigetragen, daß die bis in unsere Zeit fortdauernde Strom- und Bacherosion diese einmalige Erscheinungsform herausbildete. Es wird bestimmt von Tafelbergen, Ebenheiten, Schluchten und dem Elbstromtal, das sich dem Besucher hinter Pirna beeindruckend öffnet. Dorthin können wir mit der Eisenbahn (S-Bahn Meißen-Schmilka), mit der „Weißen Flotte" (ab Dresden oder Radebeul) oder mit dem Auto gelangen. Für den Autotouristen bieten sich zwei Routen an: Entlang der Sächsischen Weinstraße bis Dresden-Pillnitz (eine Schloßbesichtigung ist zu empfehlen!) und dann weiter auf dem rechten Elbufer bis Pirna. Hier kann er sich entscheiden zu einem Ausflug zur Bastei, dem Balkon der Sächsischen Schweiz, die er über Lohmen erreicht. Die Basteiaussicht und ein kurzer Spaziergang in die Umgebung bieten dem Kurzbesucher wenigstens einen unvergeßlichen Eindruck von dieser Landschaft, wobei die beiden Tafelberge, Königstein und Lilienstein, das Bild über dem Strom in der Tiefe beherrschen. Wer tiefer in die Sächsische Schweiz eindringen will, muß in Pirna auf das andere Elbufer wechseln, das er von Radebeul aus, auch mit der Durchfahrt Dresdens über Heidenau erreicht. Er folgt der B 172 in Richtung Bad Schandau, verläßt das Elbtal beim Anstieg zur ehemaligen Festung Sonnenstein, bleibt bis Königstein auf der Hochebene, kann nun der Festung Königstein einen Besuch abstatten.

Rathen und Felsenbühne

Vorher ist ein Abstecher nach dem Kurort Rathen möglich, der am Fuße des Bastei-Massivs liegt. Mit Radebeul ist er insofern besonders verbunden, weil dort im Wehlgrund die Felsenbühne liegt, ein Spielort der Landesbühnen Sachsen während der Sommer-Spielzeit. Sie wurde 1936 angelegt und mit dem Bastei-Spiel des Schriftstellers K. A. Findeisen eröffnet. Berühmt wurde sie 1938–1940 durch die ersten Karl-May-Spiele, die anläßlich des 25jährigen Jubiläums des Karl-May-Verlages eingeführt wurden und Hunderttausende von Zuschauern anlockte. Seit 1953 haben die Landesbühnen Sachsen die Felsenbühne für Aufführungen von klassischen Werken aus Oper und Schauspiel genutzt, für die sich die Naturkulisse besonders anbietet, wie der Freischütz oder Wilhelm Tell. Später wurden auch wieder Abenteuerstücke in das Repertoire aufgenommen, bis nach der Karl-May-Renaissance auch wieder Winnetou und Old Shatterhand die Bühne einnahmen.

Königstein und Lilienstein

Der Besuch der Festung Königstein verschafft gleichermaßen einen besonderen landschaftlichen Überblick, zugleich aber vermittelt er auch einen Einblick in ein Kapitel sächsischer Geschichte. Auf Burg Königstein (in lapis regni) unterschrieb der Böhmenkönig Wenzel I. im Jahre 1241 eine Urkunde, welche die Grenze zwischen seinem Königreich und dem Bistum Meißen festlegte. Nach einer wechselvollen Geschichte kam der Königstein Anfang des 15. Jahrhunderts in die Oberhoheit der Wettiner, des sächsischen Königshauses, wurde zur Festung ausgebaut. Voraussetzung dafür war der Brunnenbau, der 1569 in 152 Meter Tiefe Wasser erbrachte. Im 17 Jahrhundert war der Festungsbau im wesentlichen abgeschlossen. Seine Unüberwindbarkeit wurde nie ernsthaft in Frage gestellt, es genügte der Ruf, er war auch in Krisenfällen Zufluchtsort der sächsischen Herrscher. Auch für Staats- und Kunstschätze wurde die Festung als Depot genutzt, schließlich erreichte sie auch als Staatsgefängnis makabre Berühmtheit. Zu den bekanntesten Staatsgefangenen gehörten der in Ungnade gefallenen Kanzler Krell, der russische Anarchist Bakunin und August Bebel. Beim Rundgang um die Burg entlang der Festungsmauern bieten sich immer wieder neue interessante Aussichten. Natürlich fällt besonders der Lilienstein auf dem gegenüberliegenden Elbufer ins Auge. Von annähernd gleicher Gestalt, ist er doch weitgehend natürlicher. Da er militärisch von geringerer Bedeutung war, entstanden nur wenig ausgebaute Festungsanlagen. Nach dem Abzug der Franzosen nach dem Befreiungskrieg 1813 wurde er Mitte des 19. Jahrhunderts gastronomisch erschlossen und ist seitdem beliebtes Wanderziel. Ein herrlicher Rundblick entschädigt für den anstrengenden Aufstieg. Von der Stadt Königstein am Fuße des Berges aus bieten sich Ausflüge in Richtung Pfaffendorf (mit Pfaffenstein) und Gohrisch (mit Berg Gohrisch und Papststein) an.

Bad Schandau und die hintere Sächsische Schweiz

In Bad Schandau wechselt die B 172 wieder auf das andere Elbufer, das sie dann bis zur Grenze in Schmilka bringt, wo sich das Elbsandsteingebirge ab Herrnskretzschen als Böhmische Schweiz fortsetzt. An der Mündung der Kirnitzsch gelegen, am Fuße einer Schloßruine (Gastwirtschaft) gelegen, war Schandau zunächst vom Salzhandel und von der Holzflößerei sowie vom Schiffsbau bestimmt. Mit der Entdeckung der Sächsischen Schweiz als Tourismusgebiet durch den Pfarrer Götzinger setzte die Entwicklung zum Kurort ein. Die Erschließung einer Heilquelle trug dazu bei, daß Bad Schandau sich nicht hinter den berühmten böhmischen Bädern zu verstecken brauchte. Dieser Ruf wird jetzt wieder in Anspruch genommen, wenngleich Bad Schandau immer beliebtes Urlaubsziel geblieben ist. Von hier aus bieten sich zahlreiche Ausflüge in die hintere Sächsische Schweiz an, wobei besonders die Schrammsteine, das Gebiet um Hinterhermsdorf und der Winterberg zu empfehlen sind. Natürlich darf ein Ausflug ins Kirnitzschtal mit der Kirnitzschtalbahn, einer elektrischen Straßenbahn mit Schmalspur nicht vergessen werden, der auch dem kurzzeitigen Besucher mit dem Lichtenhainer Wasserfall und dem Kuhstall interessante Sehenswürdigkeiten bietet. Wer sein Auto nicht verlassen möchte, kann die Straße auch damit benutzen. Erwähnt sei auch der Personenaufzug zur Ostrauer Scheibe, der den Besucher auf das Hochland bringt, ein technisches Denkmal, das 1904 erbaut wurde.

Abschließende Ausflugshinweise

Die vorstehenden Zeilen des Kapitels sind aus der Sicht des Besuchers geschrieben, der die Sächsische Schweiz mit dem Auto erreicht. Sie sind aber auch für den Besucher verwendbar, der lieber mit der „Weißen Flotte“ fährt oder die Eisenbahn benutzt. Vom Fluß aus oder der Eisenbahn bietet sich immer ein anderer Anblick als von der Straße. Wer den Tag gut ausnutzen will, fährt am besten mit einem frühen Schiff ab Dresden, da die Anfahrt ab Radebeul zu viel Zeit kostet. Ob er in Wehlen, Rathen, Königstein, Bad Schandau oder Schöna aussteigen will, kann er selbst anhand dieser Hinweise auswählen, wobei ein ausführlicher Führer oder wenigstens eine Wanderkarte der Sächsischen Schweiz empfohlen werden. Von den gleichen Orten kann er dann nach Abschluß eines Tagesausfluges mit den stündlich verkehrenden S-Bahn-Zügen zurückkehren. Ob man sich mit kurzen Rundgängen oder Spaziergängen begnügt oder größere Wanderungen plant, sollte jeder selbst einschätzen. Manche Anstiege sind doch recht anstrengend. Für Bergsteiger bieten sich zahlreiche Möglichkeiten aller Schwierigkeitsstufen anhand guter Bergführer. Von 'wilden Bergsteigen' sei dringend abgeraten. Auch Übernachtungen sind überall möglich, wenn man seinen Aufenthalt etwas länger gestalten möchte. Die Schiffe der „Weißen Flotte“ fahren etwa von April bis Oktober im Linienverkehr. Radwanderer können zum Teil den Elbtalradweg benutzen, auch Nebenstraßen abseits der B 172 sind möglich. Selbstverständlich kann auch von der Mitnahme der Fahrräder im Zug Gebrauch gemacht werden um schneller 'vor Ort zu sein. Einen Besuch der Sächsischen Schweiz sollte man sich nicht entgehen lassen.

Ausflug Dresdner Heide/ Seifersdorfer Tal

Zu einem gemütlichen, dennoch interessanten Tagesausflug lädt die Dresdner Heide mit ihren Randgebieten ein, von denen die 'Junge Heide' unmittelbar bis an Radebeul heranreicht. Dank ihrer Fläche von rund 50 Quadratkilometern liegt Dresden hinsichtlich der Ausdehnung unter den deutschen Großstädten ziemlich weit vorn, ist eine der waldreichsten Städte Deutschlands.

Mit dem Auto fahren wir in die Dresdner Neustadt, am Neustädter Bahnhof vorbei, über den Albertplatz hinaus, biegen dann von der Bundesstraße 6 nach links ab, wenn 'Radeberg' angezeigt wird. Nach kurzer, ansteigender Fahrt erreichen wir bereits die Dresdner Heide, die wir nun diagonal durchqueren können. Zu kleinen Abstechern in den Wald bieten sich einige Parkplätze an (wegen des Landschaftsschutzgebietes ist sonst Parken nicht erlaubt!). Am günstigsten ist das an der Gaststätte „Heidemühle“, wo man nach links zum Saugarten kommt, einer Lichtung, wohin früher die Wildschweintreibjagden des Sächsischen Hofes erfolgten. Er ist zugleich der Mittelpunkt des ersten Wegenetzes der Heide, worauf die Namen 'alte Eins', 'alte Drei' usw. bis 'alte Acht' hindeuten. Wir setzen die Fahrt nach Radeberg fort, wo der Besuch des Marktplatzes und des Schloßes Klippenstein (Heimatmuseum) zu empfehlen sind. Radeberg hat als alte Amtsgerichtsstadt für die Gemeinden im Umland eine zentrale Funktion, ist zweitgrößte Stadt im Landkreis Dresden. Das bekannteste Erzeugnis der Stadt ist das „Radeberger Pilsner“, deren Hersteller sich jetzt gern wieder mit dem Titel „ehemaliger Hoflieferant“ schmückt. Wir verlassen Radeberg in westlicher Richtung, folgen dem Tal der Röder bis Liegau-Augustusbad, einer Gemeinde, die als Kurort einmal gute Zeiten hatte, an die man gern wieder anknüpfen möchte. Hier beginnt am Ende des Dorfes an der „Grundmühle“ das Seifersdorfer Tal, ein Teil des Rödertals, benannt nach dem weiter westlich liegenden Dorf, wo das Tal endet. Es wurde nach der Idee einer Gräfin von Brühl, damals Gutsherrin auf Seifersdorf als Geburtstagsüberraschung für ihren Mann als romantischer Landschaftspark gestaltet, war in seiner Blütezeit geradezu „Wallfahrsort für Freunde der Natur“, wie ein alter Reiseführer es schwärmerisch beschreibt. 1781 begonnen, kamen 1831 die letzten Anlagen, Denksteine, Tempel und Baumgruppierungen hinzu. Manches ist nur durch alte Zeichnungen überliefert, manches ist arg verwittert, dennoch ist das Seifersdorfer Tal auch heute noch ein lohnendes Ausflugsziel. Da man das Auto an der Grundmühle parken sollte, hierher zurückkehrt, kann jeder selbst die Länge des Spaziergangs wählen. Mindestens bis zur Gaststätte „Marienmühle“ sollte man aber gehen, wenn man wenigstens einen richtigen

Radeberg (Markt)

Eindruck vom Tal haben will, vielleicht noch ein Stück darüber hinaus, ehe man umkehrt. Nach einer Rast setzen wir die Fahrt von der Grundmühle aus in Richtung Langebrück fort, fahren dann nach Dresden-Klotzsche weiter, bleiben so am Rande der Dresdner Heide. Dort erreichen wir die Bundesstraße 97, der wir nach Dresden-Neustadt folgen und wieder nach Radebeul zurückkehren können. Interessanter ist aber der Weg 'über die Dörfer', den wir mit einigem Geschick finden, wenn wir in Dresden-Klotzsche bald nach rechts in die Boltenhagener Straße einbiegen, die Zufahrt zum Flughafen kreuzen, dessen Signalanlagen wir rechts hinter dem Ortsausgang erkennen. Wir kommen dann in den Dresdner Ortsteil Hellerau, bekannt durch die großflächige Anlage einer Muster-Gartenstadt in den Jahren vor dem 1. Weltkrieg mit Festspielhaus und Möbelwerkstätten. Dort überqueren wir die Autobahn und danach die Autobahnzubringerstraße, halten uns in Richtung Boxdorf, wo wir der von Moritzburg kommenden Landstraße nach links folgen. Einen steilen Berg hinunterfahrend, biegen wir an der Gaststätte

Grundmühle in Liegau-Augustusbad mit Röderbrücke

„Baumwiese“ nach rechts ab, wo uns bald das Ortseingangsschild von Radebeul begrüßt, wir der Waldstraße nach Oberlößnitz folgen, an den „Linden“ oder an der Lutherkirche auf die Meißner Straße kommen.

Man kann aber auch gleich nach der Baumwiese den rechten Abzweig wählen, kommt so auf den Augustusweg, der gut zu befahren ist, weil die meisten Straßen von links einmünden. Wir haben so noch Gelegenheit, noch ein paarmal anzuhalten und entsprechend dem Stadtrundgang Oberlößnitz einige Sehenswürdigkeiten aufzusuchen oder anzusehen. Zweckmäßigerweise verläßt man den Augustusweg an der Rosenstraße, kann noch eine gemütliche Rast im Garten der „Rosenschenke“ einlegen, falls man nicht für den Abend noch andere Pläne hat. Die Rosenstraße führt direkt zur Meißner Straße, von der alle Wege nach Hause oder ins Quartier führen.

Wanderungen zu den linkselbischen Hängen

Die beiden Elbhänge in unserem Gebiet präsentieren sich völlig unterschiedlich. Während rechtselbisch die Hänge weitgehend vom Weinbau bestimmend sind, sind die linkselbischen Hänge überwiegend bewaldet. Der Laubmischwald wird durch kleine Bachtäler mit Wiesen unterbrochen, in denen sich noch manche Mühle versteckt. Zu einem großen Teil sind sie zum Landschafts- oder Naturschutzgebiet erklärt worden. Wer noch beschauliche Wanderungen mag, sollte auch mal einen Tag auf die andere Elbseite gehen.

Eine Möglichkeit bietet sich von Radebeul-Naundorf aus, indem wir den beschriebenen Stadtrundgang an der Naundorfer Brücke zu einem Abstecher nach drüben erweitern. Wir können aber auch durch Altnaundorf hindurch über die Niederwarthaer Straße direkt auf die Brücke zugehen. Die Brücke wurde 1876 mit der Errichtung der zweiten Strecke Dresden-Berlin als kombinierte Eisenbahn- und Straßenbrücke eingeweiht, im zweiten Weltkrieg zerstört und danach nur provisorisch als Eisenbahnbrücke repariert. Beim Neubau im Jahre 1983 wurde leider nur ein Fußweg gebaut, der auch für Zweiradfahrzeuge zugelassen ist. Mehrere Türme fallen auf den Höhen ins Auge, die in der Einleitung dichterisch beschrieben wurde, zunächst der Aussichtsturm vom Osterberg, einem früher beliebten Ausflugsziel, dann die Wassertürme vom oberen Stausee des Pumpspeicherwerks Niederwartha, das wir links mit seinen Umspannanlagen erblicken. Weiter rechts ist der spitze Kirchturm der Weißtropper Kirche zu erkennen. Am Haltepunkt Niederwartha verlassen wir die Brücke und stehen nun in einer ehemals Radebeuler Exklave, gehörten doch einige Wiesen und Häuser hier früher zu Kötzschenbroda und Naundorf, darunter die Gaststätte „Bahnschlößchen“. Infolge der Abtrennung durch die zerstörte Brücke wurde dieses Gebiet nach dem 2. Weltkrieg zu Niederwartha eingemeindet. Durch die Eisenbahnunterführung erreichen wir die Bundesstraße 6, die hier zwischen Dresden und Meißen verläuft.

Wer mit einem kurzen Kaffeespaziergang zufrieden ist, kann sich nach links wenden und erreicht bald den Aufgang zur „Wilhelmsburg“ mit Terrasse und Veranda in halber Höhe, kann den Augenblick auf den Stausee, die Elbe und die Lößnitzhänge genießen, danach über die Brücke zurückkehren und an der Uferstraße entlang bis zur Dampfschiffhaltestelle Radebeul das Treiben auf der Elbe beobachten. Von dort ist es nicht mehr weit bis zur Straßenbahn.

Wer eine längere Wanderung plant, hält sich nach rechts und erreicht am ehemaligen Gasthof Niederwartha (jetzt chinesische Spezialitätengaststätte) vorbei bald die Tännichtgrundstraße, die in den Waldweg mündet. Der Weg läuft an dem historischen Steinbruch vorbei, nahe dem 1645 die Verhandlungen zum Waffenstillstand von Kötzschenbroda begannen, die dann aus Sicherheitsgründen im Pfarrhaus von Kötzschenbroda fortgesetzt und abgeschlossen wurden. In den Zeiten des vorangegangenen dreißigjährigen Krieges hatte der Steinbruch manches Mal als Zufluchtsort für Mensch und Vieh gedient. Der romantische Talweg führt allmählich aufwärts bis dann der Wegweiser rechts nach Weißtropp weist, unserem nächsten Ziel.

Osterberg in Cossebaude (hist. Ansicht)

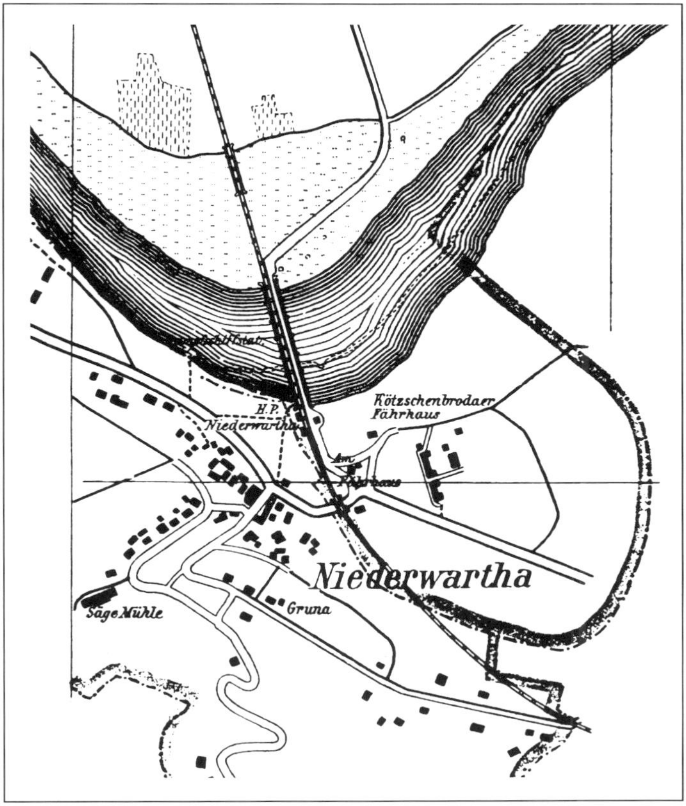

Enklave Niederwartha (zu Kötzschenbroda und Naundorf)

Der Ort ist slawischen Ursprungs, 1271 erstmals erwähnt, die Kirche erhielt ihre jetzige Gestalt nach einem Umbau im Jahre 1701. Auch der kleine Park lohnt einen kurzen Besuch . Wir können nun der steilen Straße abwärts zur Elbe folgen und zur Naundorfer Brücke zurückkehren, die Wanderung wie den Spaziergang oben beenden.

Aber auch eine Erweiterung ist möglich, wenn wir am Friedhof vorbei die Straße nach Kleinschönberg wertergehen. Wir erreichen dann das Prinzbachtal, dem wir abwärts folgen ohne den Ort zu durchqueren. An der Schiebocksmühle, auch Prinzbachsmühle genannt, vorbei kommen wir in den Ortsteil Constappel von Gauernitz, den Endpunkt des Saubachtals. Hier münden drei Täler zusammen, außer dem eben verlassenen Prinzbachtal das Saubachtal mit der Neudeckmühle in Klipphausen und das Regenbachtal, das nach Röhrsdorf führt. Alle Täler lohnen eine Wanderung, die aber dann an der Fähre in Gauernitz begonnen werden kann. Zu dieser Fähre gelangen wir von Constappel aus Richtung Elbe laufend. Wir setzen hier nach Kötitz, einem Ortsteil von Coswig über. Von dort kann der Bus nach Radebeul benutzt werden. Wir können aber den Ausflug bis in die Stadtmitte von Coswig fortsetzen, das mit rund 25 000 Einwohnern die zweitgrößte Stadt im Kreis Meißen ist. Nach der 1929 und 1935 erfolgten Eingemeindung von Neucoswig und Kötitz erhielt Coswig 1939 das Stadtrecht. Seitdem sind noch Sörnewitz und Brockwitz eingemeindet worden.Hinter dem Bahnhof zweigt von der Eisenbahnstrecke Dresden-Riesa-Leipzig die Nebenbahnlinie über Döbeln nach Leipzig ab, bis Meißen-Triebischtal zugleich S-Bahn von Dresden. Auf dem Weg zur Straßenbahn erreichen wir am Ravensburger Platz das Zentrum der Stadt mit Rathaus und zwei Kirchen, von denen die ältere früher an Kötzschenbroda angeschlossen war. Sie ist denkmalspflegerisch gut erhalten, wurde als Predigtstätte aber 1902 durch den ansehnlichen Neubau abgelöst. Mit der Straßenbahn erreichen wir wieder Radebeul.

Für den Besuch der linkselbischen Täler können wir auch an der Kötitzer Fähre beginnen, die wir von Bus, Straßenbahn oder S-Bahn aus erreichen, eins der oben genannten Ziele auswählen und dann über die Höhe hinweg im anderen Tal zurückkehren. In diesem Fall könnte das Auto an der Fähre geparkt werden. Wenn wir aber nach Verlassen des Kahns der Elbe nach rechts folgen (nach links geht es zur Gaststätte „Elbschlößchen“), so erreichen wir an einer Straßenbiegung wieder die Bundesstraße 6. Rechts ist das Gutsschloß Gauernitz zu sehen. Wir folgen aber dieser Fernverkehrsstraße nicht, sondern gehen geradeaus in das Dorf hinein. Der

Erlichtgrund, in dem wir jetzt aufwärts laufen, enthält eine besondere Sehenswürdigkeit, die „Schulzenmühle". An Wochenenden ist sie für Besucher zugängig. Es ist eine Modellmühle, die ein Liebhaber in jahrelanger Arbeit nach einem historischen Muster im Maßstab 1:5 dort erbaut hat. Der Schauraum bietet einigen Besuchern Platz, die dort einen Einblick in die Funktion einer alten

Schloß Scharfenberg

Wassermühle erhalten, bis ins Detail liebevoll nachgestaltet. Zugleich ist dort ein kleines Mühlenmuseum eingerichtet. Der mit dem Auto angereiste Besucher muß sein Fahrzeug ca. einen Kilometer vor der Mühle verlassen, den Rest zu Fuß laufen. Der Wanderer kann im Tal weiterlaufen und nach Erreichen der Verbindungsstraße zwischen Naustadt und Röhrsdorf nach links in das zuletzt genannte Dorf weiterlaufen. Einkehrmöglichkeiten sind vorhanden. Unterhalb der Kirche geht der Weg ins Regenbachtal hinab, durch welches wir wieder nach Constappel zur Fähre zurückkommen. Eine weitere Fähre befindet sich in Richtung Meißen zwischen den Orten Brockwitz (Ortsteil von Coswig) und Scharfenberg. Hier ist der Besuch der beim Schiffsausflug nach Meißen beschriebenen Burg möglich, die aber nur selten zugänglich ist. Der Ort lebt einst vom Bergbau, woran zahlreiche Flurnamen erinnern. Im Ortsteil Gruben erinnert ein Gedenkstein an den Aufenthalt Gerhart Hauptmanns im ehemaligen Kurbad. Von hier kann der Weg über die Höhe nach Batzdorf genommen werden. Und über einen weiteren Talweg erreichen wir an der Rebockschänke wieder das Elbtal, können nach links Richtung Meißen wandern, mit dem Zug

zurückkehren oder nach rechts wieder die Fähre bei Scharfenberg benutzen.

Alle Orte an der Bundesstraße 6 können wir mit dem Auto über Meißen erreichen und für Abstecher in die Täler oder zu den Sehenswürdigkeiten der linken Elbhänge benutzen, soweit die Wege nicht nur Fuß- oder Radwege sind. Wer nicht gut zu Fuß ist, braucht so nicht ganz auf den Besuch dieser schönen Landschaft zu verzichten. Der Rückweg ist dann über Cossebaude und Dresden-Kaditz möglich.

Lößnitzgrundwanderung nach Moritzburg

Im Kapitel „Radebeuler Mühlengeschichten" ist die Geschichte der Mühlen im Lößnitzgrund ausführlich beschrieben. Mühlen kann der Besucher also nicht erwarten. Dennoch sollte man auf diese Wanderung nicht verzichten, die man am besten am Haltepunkt „Weißes Roß" beginnt. Zum Teil sind noch Markierungen mit einem gelben Kreuz zu sehen, aber auch ohne diese ist der Weg nicht zu verfehlen. Wir halten uns immer in der Nähe des Lößnitzbaches, biegen hinter dem Bahnhofsgebäude in den Mühlweg ein. Dort, wo das Gleis der Schmalspurbahn unmittelbar am Wege liegt, lädt die „Lößnitztalschänke" zum Verweilen ein. Der reizvolle Garten bietet besonders in der schönen Jahreszeit Gelegenheit zu einer angenehmen Rast. Der Blick zum Hoflößnitz, umgeben von Weinbergen, überragt vom Spitzhaus, erfreut uns bald danach, wir gehen dann die Lößnitzgrundstraße entlang, wo das Gasthausschild

„Grundmühle“ erneut eine Einkehrmöglichkeit bietet. Dahinter überqueren wir die Straße, können nun eine zeitlang den Fußweg am Bach benutzen. Er führt parallel zu Straße und Kleinbahn am Elektrizitätswerk vorbei bis zur ehemaligen „Meierei“ am Haltepunkt Lößnitzgrund. Wer Glück hat, kann den schnaufenden 'Grundwurm' in voller Fahrt erleben, falls nicht im Sommer sogar der Traditionszug eine seiner Sonderfahrten durchführt. Ein Gedenkstein erinnert an den verdienstvollen und geschäftstüchtigen Architekten und Baumeister Ziller. Hinter der Ruine der „Meierei“ überqueren wir den Meiereiweg, der zum Bilzbad auf der Höhe führt, folgen bachaufwärts wieder einem Wanderweg, parallel zur Lößnitzgrundstraße, die hier zum Dorf Reichenberg gehört. An der ehemaligen Schefflermühle vorbei bleiben wir am Bach, kommen nun zum alten Kurhaus, das zum Bilz-Sanatorium gehörte. Hier sind wir nun schon in Friedewald. Der Ort enstand 1940 aus dem älteren Angerdorf Dippelsdorf und der Waldsiedlung Buchholz, die wir zuerst erreichen. Die Bahn hat hier wieder einen Haltepunkt. Dahinter wechselt der Weg erneut aufs andere Bachufer, unmittelbar an der „Kaisermühle“ mit der sehenswürdigen Linde. Der Weg mündet dann in die Großenhainer Straße, auf der wir nach links Dippelsdorf erreichen, am Gasthof vorbei das Dorf wieder verlassen. Rechts sehen wir den Dippelsdorfer Teich, der von der Bahn auf einen Damm durchquert wird und auch Bademöglichkeiten bietet. Wir laufen ihn auf dem Weg, der ausgangs des Dorfes rechts abzweigt. Hinter einem Hügel taucht dann das Weichbild von Moritzburg auf, der aufmerksame Beobachter sieht nicht nur die markante Kirche, sondern auch das massive Gebäude einer alten Holländer-Windmühle.

Der Ort Moritzburg hat seinen Namen amtlich erst seit 1934, hieß bis dahin Eisenberg. Das alte Bauerndorf, das wir jetzt zuerst erreichen, die Gebäude an der Dresdner Straße und die Wohnsiedlung im Südwesten bestimmen die Ortslage. Die Errichtung des Jagdschlosses im Jahre 1723 als Folgebau für ein schon 1541 von Herzog Moritz errichtetes Jagdhaus wurde für die Gemeinde bestimmend, was sich dann zuletzt auch in der Namensgebung ausdrückte. Das prächtige Jagdschloß und die auf Moritzburger Flur verteilten höfischen Gebäude sind heute die touristischen Anziehungspunkte, von denen der Ort lebt. Das Gestüt, das Fasanenschlößchen, die kurfürstliche Waldschänke, der Wildgarten und der Rüdenhof, die letzte Bleibe von Käthe Kollwitz, seien hier genannt.

Das Schloß erreichen wir auf der Nebenstraße weitgehend, vorbei an „Adams Gasthof“. Umgeben von Teichen liegt die viertürmige Anlage vor uns, an dessen Bau die besten Architekten August des Starken beteiligt waren, Daniel Pöppelmann, Johann Christof Knöffel und Zacharias Longuelune. Die Ausstellungsstücke, Gemälde, Porzellan und Jagdtrophäen, lohnen einen Besuch und auch der Schloßpark sollte aufgesucht werden. Für die Rückfahrt bietet sich die Eisenbahn vom Bahnhof Moritzburg an, auch eine Fahrt mit dem Bus nach Dresden ist möglich. Die Haltestelle ist in der Nähe des Schlosses. Wer im Sommer gern baden möchte, findet im Mittelteichbad dazu Gelegenheit. Wer eine kleine, gemütliche Autofahrt machen möchte, kann der Wanderstrecke mit kleinen Abweichungen im Lößnitzgrund auch mit dem Auto folgen. Nach der

Markt in Radeburg

ausgiebigen Besichtigung (Parkplätze sind vorhanden), wird zur Rückfahrt der Weg am Gasthaus „Auer“ vorbei empfohlen. Dort halten wir uns links, fahren bis zum Gasthaus Dippelsdorf, biegen dort Richtung Friedewald ein, kommen über Lindenau und die Moritzburger Straße wieder zurück zum Ausgangspunkt unseres Ausflugs zurück.

Wer sich noch etwas Zeit gönnen kann, sollte auch einen Abstecher nach Radeburg in Betracht ziehen, der Geburtsstadt von Heinrich Zille, der kleinsten Stadt des Landkreises Dresden. Aus einem Straßendorf wurde eine nicht umbaute Kleinstadt mit dem reizvollen Markt. Mit Radebeul ist sie durch die 1884 in Betrieb genommene Schmalspurbahn verbunden, die über Moritzburg dahin führt. Der Karnevalsumzug macht sie einmal im Jahr zu einem besonderen Anziehungspunkt für die Bewohner der Umgebung. Das Naherholungszentrum am Röderstausee und das Heimatmuseum bietet dem Touristen zusätzlich Anziehungspunkte.

Wanderung durch den Spitzgrund zum Auer

Eine beschauliche Wanderung durch Weinberge und Wald können wir an der Straßenbahnhaltestelle Gerhart-Hauptmann-Straße in Zitzschewig beginnen. An der „Berggaststätte“ vorbei laufen wir die Straße aufwärts, die in einem Bogen in die Mittlere Bergstraße einmündet, der wir etwa hundert Meter folgen. Dann biegen wir in den Kynastweg aufwärts ein, gehen am Weinberg Kynast vorbei bis zum Eingang des Rietzschkegrundes, überqueren die Rietzschkegrundstraße, benutzen dann den Talkenbergweg zwischen den Weinbergen. Links unten liegt das Weingut Paulsberg, dessen Herrenhaus 1853 im spätklassizistischen Stil errichtet wurde. Sein Weinberg, durch den wir jetzt gehen, ist einer der größten in der Lößnitz. Den Weg weitergehend, der bald die Grenze zwischen Coswig und Radebeul bildet, erreichen wir die Gaststätte „Am Talkenberger Hof“ und dahinter das urwüchsige Weinberghaus, das Gaststätte und Weg den Namen gab. Es wurde warscheinlich schon im 17. Jahrhundert errichtet, steht unter Denkmalschutz. Den Zufahrtsweg abwärts gehend, kommen wir dann zur Spitzgrundstraße, der wir entlang von ausgedehnten Coswiger Weinbergen nach rechts folgen. Das umfangreiche Gelände auf der linken Seite ist Heimatstätte eines Spezialkrankenhauses für Lungenkrankheiten und des Alters- und Pflegeheims der Stadt Coswig. Wenn wir uns nun der Moritzburger Straße nähern, kommen wir in eins der umfangreichen, stillosen Neubaugebiete, das hier auf der ansteigenden Heidesandfläche entstand und etwa 4 000 Menschen Wohnung bietet. Wir biegen rechts ein, gehen die Straße nach Moritzburg hinauf, die hier dem Lauf des Lockwitzbaches folgt, der auch Kreiernsches Wasser genannt wurde. Die Spitzgrundmühle, die der links stehenden Gaststätte den Namen verlieh, wurde einst vom angestauten Wasser des Baches angetrieben. Bald erreichen wir das Forsthaus Kreyern. Es erinnert an einen Ort, der dem Schloß Moritzburg dienstbar war. 1657 wurden die Einwohner umgesiedelt, erhielten in Coswig und Meißen-Zaschendorf als Entschädigung neue Felder. Ein kurfürstlicher Gutshof, der anstelle des Dorfes eingerichtet wurde, ging in Laufe der Zeit wieder ein, nur das Jägerhaus blieb erhalten, wurde 1628 vom Baumeister Hoflößnitz, Ezechiel Eckhardt, umgebaut. Nach einem Brand wurde das Forsthaus im heute erhaltenen Zustand neu aufgebaut. Auf einem kleinen Hügel nordwestlich vom Forsthaus steht das Wolfsdenkmal, das an eine Treibjagd aus dem Jahre 1618 erinnert. Wölfe hielten sich bodenständig im Revier noch bis 1750, danach traten vereinzelt nur noch Überläufer aus anderen Gebieten auf.

An einer Straßenkreuzung steht das Gasthaus „Zum Auer“, das daran erinnert, daß dort in der Nähe in einem alten Tiergarten im 18. Jahrhundert aus Litauen eingeführte Wisente, im Volksmund Auerochsen genannt, gehalten wurden. Einer der Wärter hatte dort einen kleinen Ausschank für Reisende eingerichtet, der auch nach Auflösung des Auergartens erhalten blieb. Nach einem Brand wurde das Gasthaus an der jetzigen Stelle neu errichtet.

Zur Fortsetzung der Wanderung bieten sich hier mehrere Möglichkeiten in vier Richtungen. Mit dem Bus können wir nach Moritzburg, Dresden, Weinböhla oder zurück nach Coswig fahren und dort die Straßenbahn erreichen. Rüstige Wanderer können auch die Wanderung nach Moritzburg oder Weinböhla fortsetzen.

Von Moritzburg gelten die Rückkehrmöglichkeiten der Lößnitzgrundwanderung. Von Weinböhla, einer Großgemeinde im Kreis Meißen, nehmen wir die Straßenbahn, die 1931 von Dresden aus bis hierher verlängert wurde. Auch an den Vorortverkehr Dresdens mit der S-Bahn ist Weinböhla angeschlossen, das im Gebiet um die Kirche einige sehenswerte Bauern- und Weingüter aufweist.

Talkenberger Hof (Coswig)

Fremdenverkehrsamt Service:

Informationen über Radebeul und Umgebung · Zimmervermittlung · Stadtrundfahrten mit Pkw, Kleinstbus oder Pferd und Wagen · thematische Stadtrundgänge · Wanderungen durch die Weinberge · Wein- und Sektverkostungen · aktuelle Veranstaltungshinweise · Kartenreservierungen · Museumsführungen · Vermittlung von Gaststättenplätzen · Souvenirverkauf

Verkehrsverbindungen der Stadt:

Flughafen Dresden: (20km)
Bundesautobahn 4: (Abfahrten DD-Neustadt/ Wilder Mann)
Eisenbahn: Fernverkehr/Vorortverkehr
Schmalspurbahn nach Radeburg
Schiffsverkehr: Elbschiffahrt/Fähre
Straßenbahnlinie 5 nach Dresden

Ausflugsziele (im Buch beschrieben):

Meißen, Diesbar-Seußlitz, Sächsische Schweiz, Linkselbische Täler, Dresden, Dresdner Heide, Seifersdorfer Tal, Moritzburg
(weitere Ziele): Barockschloß Rammenau, Saurierpark Kleinwelka, Oberlausitz, Osterzgebirge

Stadtarchiv

Gohliser Straße 1 · Telefon 77 10 86
Di. 13–18 Uhr, Mi. 9–11 Uhr
oder nach Vereinbarung

Schmalspurbahn

Von Radebeul-Ost über Moritzburg nach Radeburg (nach Regelfahrplan) Karten über Vorbestellung
Firmenausflüge oder Vereinsfahrten mit einem Extrazug oder Sonderwagen sowie
Traditions-, Karl-May-, Wein und Nikolausfahrten
· Traditionsbahn Radebeul e. V. · Telefon 46 14 00
· Postanschrift: 01436 Radebeul · PF 010256

Post und Telekom:

Postleitzahl für Radebeul (außer PF): 01445
Telefon Dresden Einwahlnummer: 03 51

Museum Hoflößnitz

Knohllweg 37 · Telefon 7 56 16
Di–Fr. u. So. 14–17 Uhr · Sa. 10–17 Uhr
historische Weingutanlage mit eigenem Weinberg
Museum für Weinbau und Lebenskultur
Wechselvolle Sonderausstellungen
und -veranstaltungen
thematische Weinverkostungen
Schoppenstube geöffnet wie Museum,
aber Fr, Sa, So bis 20 Uhr

Stadtgalerie

Hauptstraße 20 · Telefon 76 23 87
Di 10–18 Uhr · Mi–Fr 14–18 Uhr
Wechselnde Ausstellungen Malerei, für Grafik, Plastik, Fotografie und interdisziplinäre Projekte

Puppentheatersammlung

Barkengasse 6 · Telefon 7 43 73
Di–Fr 9–16 Uhr/letzter Sonntag im Monat
10–17 Uhr mit Puppentheateraufführungen

Volkssternwarte

Auf den Ebenbergen 3 · Telefon 7 59 45
Mo–Fr ganztägig/Sa 15 und 19 Uhr
Fernrohrbeobachtungen/Planetariumsvorführungen
„Sternhimmel des Monats"

Bibliotheken

Radebeul-Ost	Radebeul-West
Sidonienstraße 5	H.-Ilgen-Straße 28
Telefon 76 28 22	Telefon 7 54 02

Mo., Di., Fr. 10–19 Uhr · Mi. 10–13 Uhr geöffnet
Lesungen, Filme, Vorträge, Diskussionen

Bäder der Stadt

Schwimmhalle Richard-Wagner-Straße 5 ·
Telefon 7 46 78 · täglich geöffnet
Lößnitzbad Fabrikstraße 47 · Telefon 7 38 91
15. Mai–15. September täglich
Bilzbad Meiereiweg 108 · Telefon 7 47 57
15. Mai–15. September täglich
mit UNDOSA-Wellenmaschine

Quellenverzeichnis

Werte deutscher/unserer Heimat
Akademie-Verlag Berlin 1957/1984
Band 1 „Gebiet Königstein/Sächs. Schweiz“
Band 9 „Pirna und sein Umgebung“
Band 22 „Lößnitz und Moritzburger Teichlandschaft“
(2 Zeichnungen)
Band 27 „Dresdner Heide, Pillnitz, Radeberger Land“
Band 42 „Dresden“

Mitteilungen Heft 5/6 – 1924 (Sonderdruck Lößnitzheft)
des Landesvereins Sächsischer Heimatschutz (2 Zeichnungen)

Aus der Geschichte von Radebeul
Kulturbund Radebeul 1990

Archivmaterial des Stadtarchivs Radebeul
Archivmaterial der „Sammlung GOTH“, Radebeul

Co-Autoren-Verzeichnis
Erich Braun, Dresden (Fotos)
Holger Friebel, Dresden (grafische Gestaltung)
Thilo Hänsel, Radebeul (Zeichnungen)
Walter Russ, Radebeul (Zeichnungen)
Werner Wittig, Radebeul (Holzriß)
Gottfried Thiele, Radebeul (Redaktion, Text, Fotos)

Kommt mit in's
Spielzeugland
Radebeul
Gartenstraße Ecke Turnerweg
Altkötzschenbroda 8
Telefon 2 81 11 14
LEGO
duplo
petra
bruder
Öffnungszeiten:
Mo - Fr 9- 18 Uhr
Sa 9 - 12 Uhr

Impressum

ISBN 3-9803473-0-3

Andreas Fischer
Güterhofstraße 5, 01445 Radebeul
Gestaltung und Satz:
Holger Friebel · Werbung und Grafikdesign,
Pillnitzer Landstraße 37, 01326 Dresden
Gesamtherstellung
Lößnitzdruck GmbH Radebeul,
Güterhofstraße 5, 01445 Radebeul

① Bhf. Rbl.-West
② Hohenhaus
③ Wackerb. Ruhe
④ Friedensburg
⑤ Hoflößnitz/Spitzhaus
⑥ Bhf. Rbl.-Weintraube
⑦ Weißes Roß
⑧ Bhf. Rbl.-Ost